Redacción y revisión

Lisa Gerrard
University of California, Los Angeles

Sheri Spaine Long
University of Alabama at Birmingham

McGraw-Hill, Inc.
New York   St. Louis   San Francisco   Auckland   Bogotá   Caracas
Lisbon   London   Madrid   Mexico City   Milan   Montreal   New Delhi
San Juan   Singapore   Sydney   Tokyo   Toronto

Redacción y revisión

*Estrategias
para
la composición
en español*

This is an ⌐BI book.

Redacción y revisión
Estrategias para la composición en español

3 4 5 6 7 8 9 0 1AGM 1AGM 9 0 9 8 7 6 5 4

ISBN 0-07-038697-8

This book is printed on acid-free paper.

This book was set in Palatino and Hiroshige by Progressive Typographers.
The editors were Thalia Dorwick, Elizabeth Lantz, Vincent Smith, Sharla Volkersz, and Valerie Haynes Perry; the designer was Jane Moorman; the production supervisor was Patricia Myers.
Production and editorial assistance were provided by Jane Moorman and Linda McPhee.
Illustrations were done by Pat Pardini.
The cover was designed by Francis Owens.
The photo editor was Christine Pullo.
Arcata Graphics/Martinsburg was printer and binder.
The cover was printed by Phoenix Color Corporation.

LIBRARY OF CONGRESS CATALOGING-IN-PUBLICATION DATA

Gerrard, Lisa.
    Redacción y revisión: Estrategias para la composición en español /
    Lisa Gerrard, Sheri Spaine Long.
        p.   cm.
    Spanish and English.
    Includes bibliographical references and index.
    ISBN 0-07-038697-8
    1. Spanish language—Composition and exercises.   2. Spanish
language—Rhetoric.   I. Long, Sheri Spaine.   II. Title
PC4420.G47   1993
808'.0461—dc20   92-45716
                                                                        CIP

Grateful acknowledgment is made for use of the following:

Readings and realia: *Page 12 Dictionary of 501 Spanish Verbs* by Christopher Kendris (Hauppauge, N.Y.: Barron's Educational Series); *13 Simon & Schuster's Spanish-English, English-Spanish Dictionary* (New York: Simon & Schuster); *25* © Heirs of Federico García Lorca; *36 (top)* reprinted with permission of Editorial Teide, Barcelona; *36*

Continued on page 225

Contents

◇ **Part I   Procesos**   1

◇ Part II   Recursos

---

* This material is at a slightly more advanced level than the rest of the text.

To the Instructor

Overview

This book is a rhetoric for composition instruction and a sourcebook of writing assignments in Spanish.

What course or courses is *Redacción y revisión* intended for?

The text can be used as the primary text in a Spanish composition or composition/conversation course or as a secondary text in an advanced Spanish course.* Unlike other Spanish writing texts, this is not a grammar book. Assuming that students will receive grammar instruction elsewhere in the course, it offers strategies for planning, developing, and shaping a writing assignment, from the first to the final draft. To this end, the text addresses the full process of writing as it proceeds through multiple drafts and distinct stages: idea generation, drafting, organizing, expanding ideas, exploring style, proofreading, and, often, collaboration with other writers. For those who use a word processor, it also includes sections on using a computer to support each stage of the writing process.†

What skills will students practice when using *Redacción y revisión?*

This approach to writing engages all of the language skills. Students read secondary sources to find information to write about. They converse with one another to generate ideas for their papers and to discuss ways of approaching the assigned topic. They talk about drafts in progress, offering their classmates suggestions for revision, and they listen to others' reactions to their work. As second language learners, they build their vocabulary in a natural context, learning new idioms as they need them to communicate. They use the ideas and skills they develop from reading, listening, and speaking to write; and with every revision, they produce more writing. Furthermore, by exercising all the language skills, the text ensures that students will have heard and understood enough Spanish to be creative with the new language they have en-

---

* This text is appropriate for language students ranked "intermediate-mid" to "advanced" according to the proficiency guidelines for writing established by the American Council on the Teaching of Foreign Languages.

† If your students have access to a Macintosh computer, you may also be interested in a computer program that helps them generate and organize ideas. The program, *La preescritura*, consists of five separate exercises—*Escritura libre, Lluvia de ideas, Planeando un argumento, Resumiendo,* and *En pocas palabras*—which were designed specifically for students of Spanish composition and which complement this text. *La preescritura* runs on a Macintosh with a hard disk, one megabyte of RAM and HyperCard. It can be ordered from Chariot Software Group, 3659 India St. Suite 100C, San Diego, CA 92103, 1-800-242-7468.

countered. In linguistic terms, the text aims to provide students with enough comprehensible input to encourage their creativity.

How is *Redacción y revisión* organized?

The text is divided into two parts. Each chapter in Part I introduces one stage in the writing process and offers strategies for approaching this stage. Part I also contains two complete writing assignments: **La cena** and **El retrato.** Part II is a collection of full-scale writing assignments, organized thematically and loosely sequenced from easiest to hardest. All the writing assignments contain the following materials to guide the student through the steps of composing, drafting, and revising the assignment:

- a topic for the writing assignment
- lists of facts or short readings on the topic
- warm-up and idea-generating activities
- revising activities

The materials in both parts of the text are multicultural, with an emphasis on the target cultures of Spanish speakers.

Method: Teaching Writing as a Process

Until recently, most composition instruction addressed the finished paper rather than techniques for producing it. After some general directions—"be specific," "use a thesis," "proofread carefully"—foreign language instructors assigned papers, collected them, graded them, and wrote meticulous comments on what "worked" and—more often—what didn't. Students were seldom expected to revise their work and when they did, they corrected grammar errors. Rarely did they reconsider any element larger than a sentence.

This method of teaching composition is misleading: By concentrating on the finished product, it gives foreign language students the impression that good writers produce perfect copy on the first try. Many students believe that a writer begins the task by composing a title and introduction, proceeding linearly through the text, and ending at the conclusion. This conception contradicts the practice of successful writers in any language, most of whom develop their text through successive drafts, reconsidering their ideas and reshaping their prose throughout the process. Writing is seldom linear; more often it proceeds in a back-and-forth movement, as the writer experiments with meaning and structure at all stages of development.

Composition research has shown that students learn far more if they are taught to write the way professionals do. This process approach to teaching composition guides students through the different stages of production—from idea generation to proofreading. Students write several drafts of each assignment, and between these drafts are taught how to reconceive their material and how to revise. They learn to explore ideas, acquire information, accumulate significant details, organize and develop a rough draft—in short, to rethink and reshape their assignment.

While the process approach was developed for use in native-language composition classes, it has numerous benefits for second language classes and is consistent with many current approaches to foreign language instruction. This method emphasizes content in the early stages of composing. In encouraging students to focus on finding something worthwhile to say, it teaches students that what they say is as important as how they say it. Thus, in the early stages of composition, students are free to think through and shape their material without fear of making errors. They learn to value content as much as form, and to relegate grammar correction to proofreading—a necessary but by no means primary stage in the composing process.

Goals of This Text

☐ *To encourage students to communicate meaningfully in their second language.* The text requires students to do more than practice writing sentences; it invites them to engage fully with the language by using it to explore and express ideas that interest them.

☐ *To create rich opportunities for practicing all language skills.* In a writing workshop, students do as much talking, listening, and reading as they do writing. Thus, most of the practice exercises in Part I and the short assignments in Part II are meant to serve multiple functions. Group brainstorming, for example —where students call out ideas about a topic as the instructor records them on the blackboard—not only helps students think about their topic, but also allows the instructor to introduce new vocabulary. Peer commenting—where small groups of students discuss each other's papers—provides practice in analysis and revision, and in speaking and listening to Spanish.

☐ *To allow for considerable language practice inside and outside of class.* Realizing that Spanish instructors have limited time for composition, we have designed this text to be used both inside and outside of class. Students may write and discuss the practice exercises during class, using the target language. They can read the explanatory information (in English), do additional practice exercises (in Spanish), and compose their papers outside of class.

How To Use This Book

☐ *Choose the parts of the book that best suit your course.* Different courses vary widely in the amount of time they can allot to writing instruction, so don't feel compelled to assign every chapter in the book or every section in a given chapter. We designed the text for flexibility, to allow individual instructors to select readings, exercises, and assignments from Parts I and II and combine them according to the needs and interests of their students and the time constraints of their course. In designing your course, keep in mind that Chapters 1–5 of Part I address the basics of the writing process; you will probably want students to read at least part of these chapters. Chapters 6 and 7 discuss style; you may want to omit these chapters with a less advanced class or when time is limited.

There is no one way to use this book, but the following are some possibilities.

■ *In a one-semester course devoted exclusively to writing*

WEEK 1   Assign **La cena;** Chapter 1; Chapter 2: sections on freewriting and brainstorming

WEEKS 2–4   Work on **La cena,** using class time to train students in peer commenting; Chapter 2: section on Venn diagrams; Chapter 3

WEEK 5   Begin Chapter 4; students continue revisions of **La cena** outside of class

WEEK 6   Complete Chapter 4

WEEK 7   Work on **El retrato**

WEEK 8   Begin Chapter 5; students continue revisions of **El retrato** outside of class

WEEK 9   Complete Chapter 5

WEEKS 10–11   Select a composition from Part II according to the ability and interests of students

WEEK 12   Chapter 6

WEEK 13   Chapter 7

WEEKS 14–15   Students work on instructor-selected compositions from Part II

■ *In a one-semester course devoted to composition and conversation*

WEEKS 1–3   Assign **La familia** from Part II; Chapters 1 and 2

WEEK 4   Work on **La familia,** using class time to generate ideas and vocabulary and to train students in peer commenting; Chapter 3

WEEKS 5–6   Chapter 4; students continue revisions of **La familia** outside of class

WEEKS 7–8   Work on **El arte** from Part II; revisions

WEEKS 9–10   Chapter 5; begin **La inmigración** from Part II

WEEKS 11–12   Continue **La inmigración;** revisions

WEEKS 13–15   Work on **La vejez;** revisions

(This plan and the following assume that students will be doing conversational activities concurrently with the writing assignments.)

■ *In a two-semester course devoted to composition and conversation*

SEMESTER I

WEEKS 1–5   Chapters 1–3

WEEKS 6–7   **La cena**

WEEKS 8–10   Chapter 4

WEEKS 11–13   **El retrato**

WEEKS 14–15   Chapter 5

SEMESTER II

WEEKS 1–3   Review process approach and do selected composition from the unit **Mi casa, mi familia, mi trabajo** in Part II

WEEKS 4–5   Chapter 6

WEEKS 6–9   Selected compositions from the unit **¿Qué pasaría si... ?** and/or the unit **Formas de comunicarse con los demás** in Part II

WEEKS 10–11   Chapter 7
WEEKS 12–15   Compositions from the unit **Temas de nuestra época** and/ or the unit **El mundo de las letras** in Part II

■ *In a one-quarter course devoted exclusively to writing*

WEEKS 1–2   Begin **La cena** and train students in peer commenting; Chapters 1 and 2
WEEK 3   Chapter 3; work on **La cena**
WEEK 4   Begin Chapter 4; students continue revisions of **La cena** outside of class
WEEK 5   Complete Chapter 4
WEEK 6   Work on **La residencia**
WEEK 7   Chapter 5; students continue revisions of **La residencia** outside of class
WEEK 8   Complete Chapter 5
WEEKS 9–10   **El desenlace**

☐ *Assign the explanatory sections in Part I to be read outside of class.* These sections are in English so that students can read them rapidly on their own, thus freeing up class time for discussion and the practice of writing activities.

☐ *Give a writing assignment early in the term.* Although most of the activities in Part I are complete in themselves, much of the text assumes students are writing, using either a topic the instructor has devised or any **composición** from Part I or Part II. Students should be working on a composition, at one stage or another, throughout the course.

☐ *Assign at least two drafts of each paper.* Students learn the most about writing while they are revising their papers. Give students specific suggestions for revision; then have them revise. If you are assigning three drafts, you might use this plan:

    * Collect draft 1. Ask for clarification of apparently irrelevant or confusing passages. Ask questions about the draft's content, thesis, and development. Suggest details and ideas to add, a better plan for organizing, new vocabulary. (These queries and suggestions can also be made by the student's peers.)

    * Collect draft 2. Focus on two or three of the paper's needs, in this order of importance: content, thesis, development, organization, style, syntax, grammar. Make concrete suggestions. For example, rewrite one sample sentence as a model for the writer to follow elsewhere in the paper, suggest an additional example, or delineate an alternative structure.

    * Collect and grade draft 3. The process method works best with a grading mechanism that balances content, form, and mechanics. See the Grading Scale for Compositions, (Apéndice 1) and Abreviaturas para la redacción de composiciones, (Apéndice 2).

☐ *Consider implementing these additional procedures.*

    * Require students to type their drafts on a typewriter or word processor.

* Have students bring multiple copies of their drafts to class to share with the instructor and classmates.

* Collect the commenting guides to assess the peer group's participation in the evolution of each paper.

☐ *Encourage students to consider the implications of contrastive rhetoric.* While introducing a linear thesis/topic-sentence/evidence pattern of organization, Chapter 5 also points out that other methods of organization are widely used in Spanish-language writing. It is instructive for students to see that although no culture rigidly adheres to any one rhetorical pattern, different cultures may favor one pattern over another, and that an associative, digressive structure is sometimes preferred in Spanish. Thus, advanced students might analyze different samples of Spanish prose — both linear and associative — and practice writing according to both models. (See Apéndice 3.)

We cannot name all the generous people — reviewers, colleagues, editors, and students — who contributed to the text, but we would like to name a few. Our sincere thanks go to Thalia Dorwick, Elizabeth Lantz, Vincent Smith, Sharla Volkersz, and the rest of the McGraw-Hill staff. We would also like to thank our copyeditor, Valerie Haynes Perry. Special thanks also go to Cynthia Ramsey (University of Southern California) and Diana Frantzen (University of Indiana, Bloomington), whose initial review of these materials made their publication possible.

Part I

Procesos

* Advanced level.

«*Que vivan las palabras su vida; hacer que cada palabra rinda el máximum de su vitalidad.*»

—José Martínez Ruiz Azorín

Chapter 1
Writing in Spanish

Finding Your Own Writing Process

Writing habits and methods are as individual as writers. It is a rare writer, however, who produces a polished paper in a single try, starting with inspiration, then effortlessly guiding the reader from introduction to conclusion, with each thought falling neatly into its own paragraph. Most writers produce many drafts of their work before coming up with one that satisfies them. The reason for this is that writing is a complex activity: you have to find something to say, organize your thoughts, explain them in detail, find a suitable style, and remove surface (grammatical and typographical) errors. Because it's almost impossible to do all of these things at one time, you can work more efficiently by tackling the job in stages. By writing several drafts, you can concentrate on one task at a time.

Although there is no one correct writing process, it is usually easier to spend time during the first draft or two developing and organizing your ideas, and during later drafts correcting errors in spelling, syntax, and grammar. A typical writing process might look like this:

Draft 1: collect information; generate ideas.
Draft 2: weed out irrelevant ideas; clarify relevant ones.
Draft 3: explain ideas in detail; organize them.
Draft 4: correct errors; revise style.

Of course, there is no one correct sequence. Most writers repeat these steps as the paper develops. An idea that looked good three drafts ago may seem trivial as the paper takes shape, or you may get a brainstorm during draft four and decide to change your subject entirely. Writers often find out what they know and think about a topic *as*—rather than *before*—they write; in the act of explaining their facts and ideas to the reader, they explore the topic and find new ideas. The key to a successful writing process is flexibility: *you should feel free to change anything—from initial conception to organization and style—at any point in the paper's evolution.*

 ## Composing in Spanish

Writing well in any language is work, but it can be intimidating to write in a second language: you can't always rely on your ear for what sounds correct, as you do in your native language, and searching for the right words may seem more difficult. You may also feel limited in what you can say and may wonder about everything you put on paper. You will undoubtedly make mistakes in your Spanish writing—this is normal. But you can correct errors later on. Although you use your grammar skills when you write, good writing in Spanish does not come automatically from grammar and vocabulary exercises or even from being able to speak Spanish fluently. As in English, effective writing comes from finding ideas worth communicating, explaining them carefully, and arranging them in an order that makes them clear to the reader.

You may already have writing experience in English that will help you as you write in Spanish. The more strategies you have to choose from, the greater your chances of developing a writing process that works for you. In this text you will find a range of techniques to enhance and extend what you already know—strategies for getting started, writing the early drafts, and revising.

The following are some general guidelines.

1. *Start by writing down everything.* Get some Spanish words on paper. Get lots of Spanish written down. Write until you can't think of anything else to say, even if it doesn't seem related to the topic you have in mind. Your Spanish writing doesn't have to be perfect when it first hits the paper; you can always go back and change it, or throw it out and start again.
2. *Write even if you don't know what you want to say.* Often you discover ideas as you write. The process of writing may reveal ideas and opinions that you didn't even know you had, not to mention things that you didn't know you could express in Spanish.
3. *Never write in English, later translating into Spanish.* Do all of your writing—

even your roughest drafts—in Spanish. If you translate from English as
you compose, your Spanish will sound more like English than Spanish!

4. *Do your writing in stages.* When you work on a paper, divide the task into
   small subtasks. Don't feel that you have to proceed in a straight line from
   introduction to conclusion. Jot down ideas as they occur to you; later you
   can organize them and add examples and details to explain them. If you
   try to generate your ideas and organize them at the same time, the task will
   seem insurmountable, but if you take one step at a time, it will become
   manageable, even fun.

5. *Rewrite.* Rarely will you get it perfect the first time in English, let alone in a
   second language. The rewriting stage often lets you articulate an idea you
   had earlier but couldn't express at the time. As you revise, you may also
   want to consult a dictionary, grammar text, verb book, or your instructor to
   answer specific questions about the Spanish language.

 ## *Sharing Your Spanish Writing*

Although many of the stages of writing are solitary—you sit alone at your
desk with your thoughts and your pen or keyboard—writing is also a social
activity. You almost always write for other people. The best way to ensure that
you're communicating successfully is to try your work out on real readers.
Professional writers do this all the time. Before they send an article off for
publication, they show it to friends, or they participate in workshops, where
other writers critique their work in progress.

In a Spanish class, you already have a group of readers who can offer you
the one thing you don't have: a fresh perspective on your writing. Your classmates can tell you when they're confused by your sentence structure, delight-
ed by your example, or curious to hear more of your story. Best of all, they can
give advice, suggesting the perfect word for your analogy, a new sequence for
your argument, or an idea to put in your conclusion. Because your classmates
may not be experts in Spanish grammar, we recommend that you save your
grammar questions for your Spanish instructor or look them up in a grammar
book. Instead, draw on your classmates' expertise as readers and concentrate
group discussion on your paper's ideas, organization, and style.

In a writing group, you and your classmates take turns reading each other's
drafts so that you are sometimes the writer and sometimes an editor. As the
writer, you gain direct evidence of your audience's needs; as an editor, you
become astute at analyzing drafts, a talent you can apply to your own prose.
Although the point of sharing your drafts with your classmates is to give one
another suggestions for revision, you get the additional benefit of conversing
with one another in Spanish.

THE WRITING WORKSHOP

To turn your classroom into a writing workshop, bring four copies of your paper to class, and find three classmates to share your writing with.* You should all exchange papers, so that each member of the group has a copy of his or her own and everyone else's paper. If time permits, the group members should take each other's papers home, read and write comments on them, and bring them to the next class meeting for discussion. The group will then discuss one paper at a time, with each author leading the discussion of his or her own paper. Be sure that you do *talk* to each other; don't just write notes on each other's drafts.

   Writing workshops function best when they are supportive, and when each member takes responsibility for improving all the drafts of the group. The object is for the group collectively to come up with strategies for improvement — not simply to criticize. This does not mean that you give false praise or ignore obvious problems, but that you ask questions about what the author is trying to do and make concrete suggestions for revision. The most important thing to remember is that there is no such thing as a bad draft, just an unfinished one. Unlike a reviewer, whose job is to announce the strengths and deficiencies of a *finished product,* an editor helps the writer shape a *working draft.* Think of yourself as a collaborator rather than a judge. Be honest, but helpful. When you don't understand what you are reading, or something seems wrong or out of place, ask questions. For example,

INSTEAD OF SAYING	SAY
Esta oración no es lógica.	No comprendo esta oración. ¿Quieres decir que el tío de Bolívar, que era un hombre poderoso, contrató los servicios de un preceptor (*tutor*) cuyas concepciones eran revolucionarias?†

INSTEAD OF SAYING	SAY
El párrafo sobre la niñez de Simón Bolívar es aburrido.	El párrafo sobre la niñez de Simón Bolívar sería más interesante si explicaras la influencia que tuvo su preceptor sobre su personalidad y sus ideas.

---

* You can also work with one other person or in a small group. Groups of three or four allow for a variety of responses, without getting unwieldy.

† Simón Bolívar (1783–1830) fue un general venezolano que acaudilló el movimiento independentista de las colonias españolas en América.

INSTEAD OF SAYING	SAY
Esta idea sobre la sociedad clasista venezolana no es apropiada.	¿Por qué incluiste esta idea sobre la sociedad clasista venezolana? ¿Cómo se relaciona esta idea con la educación de Bolívar?

INSTEAD OF SAYING	SAY
La oración *la elección de un preceptor fue una ironía* es demasiado imprecisa.	No comprendo la oración *la elección de un preceptor fue una ironía*. ¿Qué quieres decir?

GUIDELINES FOR WRITERS

1. Before you meet with your group, jot down some concerns you have about your paper.
2. Give your readers a clean, typed draft. Double-space and leave at least a one-inch margin for comments.
3. Even if your group members have read your paper beforehand, read your paper out loud as they follow along on their copies.
4. If your readers are shy about voicing criticism or unsure about where to begin, tell them what you are trying to accomplish and what your difficulties are. Ask for help with a specific problem: Do I need to spell out exactly what Bolívar's inheritance was? Can you think of anything else I should say about his tutor? How could I make the point in paragraph two more clearly?
5. Remember that the point of the discussion is to help *you*. If your readers adopt an aggressive or judgmental tone, try not to become defensive. Remind them that they're looking at unfinished (not flawed) work, and ask them how they would solve the problem.
6. Take your readers' reactions seriously, but don't feel that you have to follow every suggestion. After all, it's *your* paper.

Estatua de Simón Bolívar, Plaza Bolívar, Caracas, Venezuela

GUIDELINES FOR EDITORS

1. Remember that you're a collaborator, not a judge. Rather than evaluate the merits of the draft, think about what the author should do next. What would *your* next step be if it were *your* draft?

2. Trust your instincts. If you're confused, say so, even if you don't know exactly what's wrong.
3. Focus your conversation on the paper's ideas, structure, or style rather than on grammar or spelling. Leave discussion of Spanish grammar to your teacher.
4. Ask questions that will improve your understanding of the author's purpose.
5. If you like something about the paper, even if it's a single word, say so. Nothing instructs like praise.
6. Feel free to disagree with the paper's ideas. Your perspective will help the writer sharpen his or her argument.

COMMENTING GUIDES

As an editor, you can use a *commenting guide,* a set of questions or guidelines for reading work in progress, to focus your attention on specific issues in the text. For ideas about what to look for when you analyze a paper, study the following list. It provides some general issues to address and some strategies for commenting.* In responding to a paper, use only four to seven items from the list; rather than addressing every item, choose the issues that best suit the particular paper. If you are commenting on a very rough draft, you may want to discuss only the paper's content and thesis; it is probably premature to work on the paper's style at this stage.

Content

- Which section do you find most interesting?
- Is there anything in the draft you don't understand?
- Do you strongly agree or disagree with any of the ideas?
- Can you think of any ideas the author could add?

Organization

- Number each paragraph. On a separate sheet of paper list the numbers, and next to each number write the main idea of the paragraph. Does any paragraph have more than one idea?
- Is any paragraph missing a topic sentence?
- Is any section unnecessarily repetitious?
- Does any section seem out of place?

Thesis

- What do you think the thesis is?
- Is the thesis stated anywhere in the paper? If so, where? If you're not sure, ask the writer to tell you the point of the paper. Write down his or her answer word for word.

---

* You will also find commenting guides in the writing units after Chapters 3 and 4 and in Part II.

- Is the thesis narrow enough for a paper of this length? If not, suggest an alternative.
- Could the thesis be worded more precisely? If so, suggest a possibility.
- Do you think a different thesis would work better with the paper's ideas?

Development

- What in the paper would you like to know more about? Ask the writer to explain the point. As he or she speaks, have one person in the group take notes.
- Where would an example clarify the point? Suggest a specific example the author could add.

Style

- Which words or sentences impress you the most, and why?
- Find three general terms that could be replaced with specific ones. Suggest alternatives.
- Find three instances of **ser, estar, tener,** or **hacer** that could be replaced by stronger verbs. Suggest alternatives.
- Is the tone of the paper appropriate to the subject, audience, and occasion?
- Indicate any section that could benefit from greater variety of sentence structure. Suggest a different wording.

 *Writing with a Computer**

Nothing has streamlined the writing process quite as thoroughly as the computer. A vast array of writing software is currently available to help you generate ideas, get easy access to library sources, take notes, make outlines, revise, proofread, format your footnotes and bibliography, design layout, and communicate conveniently with other writers.

The most important of these writing tools is the word processor, which encourages the flexibility essential to good writing. When you write by hand or use a typewriter, your words appear on the page as you compose them; the process of composition and the physical appearance of the text on paper are the same. In contrast, the word processor separates these two processes. When you write with a word processor, the words appear on the screen (not on paper) as you compose, and are endlessly malleable. You can change your text without making a mess or retyping the parts you don't want to change, adding, deleting, or moving a letter, paragraph, or whole section with just a key-

---

* The term that we will be using in Spanish is **computadora,** which is preferred in Spanish America; **ordenador** is the popular term in Spain.

stroke or two. And no matter how many printouts you make, your text is still stored in the computer: you can return to it and make changes at any time. The word processor gives you the freedom to revise your essay at any point in its evolution.

Many word processors come equipped with accent marks and a multinational character set, which accommodates Spanish characters. In addition, most word processors have search commands to help you find a single word in a text; *windows,* which allow you to look at several parts of your text or several different texts at the same time; the capability of moving or erasing whole chunks of text at once; and literally dozens of other functions. Although you can type and revise your paper using only a few of your word processor's capabilities, the more functions you know how to use, the more efficient you'll be.

Whether you record your paper on a floppy disk (which you insert into the computer) or on a hard disk (which may be built into the computer), be sure to make a backup copy of your paper on an extra disk. Disks are vulnerable, and if damaged, their contents (your paper!) can be destroyed. To guard against disaster, save your work at least every ten minutes when you write, and update your backup disk after every writing session.

You can do any of the assignments in this text manually or on a computer, using any word processing program. The assignments entitled **Al usar la computadora** contain specific instructions for computer use.

You can work with a computer both individually and in a group. For example, to prepare any essay that you are writing on the computer for group discussion, you would follow a few simple steps.

1. Turn on your computer and reread the essay, thinking about the questions you would like the group to address.
2. Insert those questions into the appropriate places in the text. Use capital letters to distinguish them from the essay itself.
3. Copy the text onto disks. Give each member of your group both a disk and printout.

To comment on a classmate's essay, reverse the process.

1. Copy his or her essay onto your disk.
2. Using only capital letters, type your comments inserting them into the appropriate places of the essay.

 Proofreading

Before you give your draft to members of your commenting group, proofread it, looking for errors in spelling, punctuation, or usage. Though no one expects a draft in progress to be perfect, your editors are likely to be distracted by mechanical errors and thus find it hard to follow your ideas.

Proofreading is also the last stage of the writing process. After you've revised your paper and are satisfied with its content, structure, and style, look one last time for mechanical or typographical errors. Though these surface errors may seem trivial after you've put so much effort into shaping your ideas, a missing accent mark or comma casts doubt on even the most well-conceived paper and undermines your authority as a writer. If you don't have time to retype your paper, write in the correction by hand; a neatly written correction is far preferable to an error. And if, like most people, you have difficulty seeing your work objectively, exchange papers with a friend and proofread for each other.

Of course, if you haven't had much experience writing in Spanish, many of your errors won't arise from carelessness, but from lack of familiarity with many of the conventions of the language. Thus, in addition to consulting your instructor, you should use a grammar handbook, a verb conjugation book, and a dictionary.

GRAMMAR HANDBOOKS

As you proofread, refer to a grammar book to clear up any doubts you may have about sentence structure. To use a grammar book as a reference, first decide how the problematic word is labeled; is it a negative? a form of **haber**? a diphthong? a stem-changing verb? Then look for that label in the index. An index is usually more specific than a table of contents, and can list such grammatical items as **pedir** vs. **preguntar,** preterite vs. imperfect, idioms using **acabar,** capitalization, articles, and future perfect tense. If you have trouble finding what you are looking for in the index, try a different label: in one book, for example, you might find the listing **por** vs. **para** while another book might index the same information under prepositions. If you have a question about a verb form, see if your grammar book has an appendix showing model regular verbs conjugated in all of their tenses and modes, and the conjugations of frequently used irregular verbs.

VERB BOOKS

If the grammar book you use doesn't have an appendix on verbs or if you would like a more complete list, consult a verb conjugation book, which you can find in the reference section of your college library or in a bookstore. Verb books contain dozens of lists of fully conjugated Spanish verbs with their English translations. These books are particularly useful for finding the forms of sticky irregular verbs like **decir,** as you can see in the example on the next page.

decir		Gerundio **diciendo**	Part. pas. **dicho**

to say, to tell

The Seven Simple Tenses		The Seven Compound Tenses	
Singular	Plural	Singular	Plural
1 presente de indicativo		**8 perfecto de indicativo**	
digo	decimos	he dicho	hemos dicho
dices	decís	has dicho	habéis dicho
dice	dicen	ha dicho	han dicho
2 imperfecto de indicativo		**9 pluscuamperfecto de indicativo**	
decía	decíamos	había dicho	habíamos dicho
decías	decíais	habías dicho	habíais dicho
decía	decían	había dicho	habían dicho
3 pretérito		**10 pretérito anterior**	
dije	dijimos	hube dicho	hubimos dicho
dijiste	dijisteis	hubiste dicho	hubisteis dicho
dijo	dijeron	hubo dicho	hubieron dicho
4 futuro		**11 futuro perfecto**	
diré	diremos	habré dicho	habremos dicho
dirás	diréis	habrás dicho	habréis dicho
dirá	dirán	habrá dicho	habrán dicho
5 potencial simple		**12 potencial compuesto**	
diría	diríamos	habría dicho	habríamos dicho
dirías	diríais	habrías dicho	habríais dicho
diría	dirían	habría dicho	habrían dicho
6 presente de subjuntivo		**13 perfecto de subjuntivo**	
diga	digamos	haya dicho	hayamos dicho
digas	digáis	hayas dicho	hayáis dicho
diga	digan	haya dicho	hayan dicho
7 imperfecto de subjuntivo		**14 pluscuamperfecto de subjuntivo**	
dijera	dijéramos	hubiera dicho	hubiéramos dicho
dijeras	dijerais	hubieras dicho	hubierais dicho
dijera	dijeran	hubiera dicho	hubieran dicho
OR		OR	
dijese	dijésemos	hubiese dicho	hubiésemos dicho
dijeses	dijeseis	hubieses dicho	hubieseis dicho
dijese	dijesen	hubiese dicho	hubiesen dicho

imperativo	
—	digamos
di; no digas	decid; no digáis
diga	digan

DICTIONARIES

Another important sourcebook for any second language writer is a bilingual dictionary. Although you should try to write and think in Spanish as much as possible, avoiding translation, there are times when a good bilingual dictionary will help enrich your Spanish writing. To get the most out of your bilingual dictionary, familiarize yourself with the abbreviations it uses so that you can decode the information in the entries; the abbreviations are usually listed in the front of the book. In addition to defining a word in translation, a good dictionary should give you supplementary information, such as part of speech (e.g., noun, verb, article); gender (masculine or feminine); whether a verb is transitive or intransitive, regular or irregular; and examples of usage. Consider the sample entries shown on the next page.

Remember that in Spanish, **ll**, **ñ**, and **rr** are separate letters, so alphabetical order in Spanish differs somewhat from alphabetical order in English. Words beginning with **ll** (**llave**) and **ñ** (**ñoño**) are located in separate sections from words beginning with **l**, or **n**. Because no words begin with **rr**, there is no separate section for this letter; **rr** commonly occurs in the middle of a word and is alphabetized as one **r** following another, as in English. Furthermore, until recently, dictionaries treated **ch** as a separate letter, and listed words beginning with **ch** (**champán**), separately from words beginning with **c**. Although publishers no longer follow this practice, you will still find older dictionaries with a separate section for **ch**.

> **goose** [gus] *s.* (*pl.* GEESE [gis]) 1. ganso, ánsar. 2. gansa. 3. simplón, bobalicón. 4. (*pl.* GOOSES) plancha de sastre. 5. (ant.) juego de mesa. 6. **to cook one's g.,** malograrle los planes a uno, echarle a perder los planes a uno; arruinar a uno.
>
> **up-and-coming** [ˈʌpənˈkʌmɪŋ] *a.* 1. prometedor. 2. con aire de éxito.
>
> ───────────
>
> **estribillo,** *m.* refrain, ditty, chorus; pet word or expression.
>
> **persistir,** *i.v.* 1. to persist. 2. to continue; **p. en,** to persist in.

Keep in mind that no bilingual dictionary can include every word of either language. For technical terms—such as (*computer*) *hardware* (**soporte físico**), *laryngitis* (**laringitis**), or *torpedo chamber* (**tubo lanzatorpedos**)—you may need a specialized dictionary. If you doubt the appropriateness of a word in your paper, test it by looking it up both in the Spanish-English section and, in translation, in the English-Spanish section of the dictionary. By using both sides of a bilingual dictionary, you will get a good idea of the nuances of the word you have chosen and will encounter alternatives that might work better in your context. To verify your word choice further, you might also use a monolingual (Spanish-Spanish) dictionary. For example, let's say that you have just written this sentence.

> La joven pareja bailó bien el tango argentino.

You are having doubts about the word **pareja;** in this context, is it the right word for *couple*? First you look up **pareja** on the Spanish-English side of the bilingual dictionary; you see the definitions *couple* and *pair*. This looks encouraging, but you want to double-check the definition, so you look on the English-Spanish side of your bilingual dictionary. Under the word *couple*, you find this translation,

> **par** (*of things*), **pareja** (*of people*)

You think you are using the term correctly, but decide to verify it by looking in a monolingual Spanish dictionary under **pareja**. Here you find the definition,

> **conjunto de dos personas**

Having inspected **pareja** in three places, you can now use the word with confidence.

A monolingual Spanish dictionary offers additional benefits. It helps you think in Spanish and learn to paraphrase, and can introduce you to different ways of restating the same word. For instance, the *Pequeño Larousse Ilustrado* defines **lobo** in two ways: **mamífero carnicero parecido a un perro grande** and **zorro o coyote**. If, however, after consulting a dictionary, you are still confused about a term, check with your instructor. At times, even the most advanced Spanish students wonder if a word they select from a dictionary means what they think it does.

Práctica 1.1   Al usar un diccionario bilingüe

Busque en un diccionario bilingüe las siguientes palabras. Trate de descifrar las abreviaturas y los diferentes significados. Después escriba una frase usando el término en español en la cual uno de sus significados esté claro.

1. temblor
2. uña
3. chistoso
4. heredar
5. tan
6. parrilla
7. *daydream*
8. *(to) interpret*
9. *Finnish*
10. *rapturous*
11. *self-discipline*
12. *straight*

Idiomatic expressions cause particular problems for the second-language writer. Although a dictionary can help with many idiomatic expressions, your facility and confidence using Spanish idioms will increase as your experience with the language grows.

Práctica 1.2   Expresiones idiomáticas

Busque en un diccionario bilingüe la expresión idiomática en español que corresponde a las en bastardilla (*italics*).

1. It is raining *cats and dogs.*
2. We *have just* done it.
3. I hope your plans *work out.*
4. She *feels like* reading it.
5. They *waste time* frequently.
6. She *makes fun* of him all the time.
7. I *blame* his brother.
8. The professor *is right* again.

ELECTRONIC SPELLING CHECKERS

If you have access to a Spanish spelling checker,* use it to locate possible mis-spellings or typographical errors. Spelling checkers can save you a great deal of proofreading time, but you should also be aware of their limitations. They operate by comparing all of the words in your essay to a vocabulary list in the software. If a word (your name, for example) has not been included in the program's vocabulary list, it will be flagged as a potential error. So don't as-sume that a flagged word is necessarily a misspelling: double-check with your dictionary. Similarly, if you type a word that is spelled correctly, but it's not the word you mean—for example, you type **hay** when you mean **han**—your spelling checker will not flag your error.

---

* As of this writing, there are four Spanish spelling checkers on the market: *Escribién* (Ibersoft, 1986), *WordPerfect 5.1* (WordPerfect Corporation, 1991), *Word 5.0* (Microsoft, 1991), and *MacWrite II* (Claris, 1989).

Chapter 2
Beginnings

 Facing the Blank Page: Freewriting

Getting started is often the hardest part of writing, even when you know what you want to say. Writers need to warm up, just as athletes and singers do. One way to get going is by *freewriting*—writing continuously for a specified period of time (say ten minutes) with no goal other than to produce sentences on paper. With freewriting, you write whatever comes into your head without pausing to correct, read, or even think about what you are writing. What you write matters far less than the act of writing without stopping so that you relax your mind and warm up your writing muscles. Thus, the only rule is not to stop. You need not stay on one topic and are free to include random, trivial thoughts that pass through your mind. Notice that the following sample passage is quite rough; the writer simply wrote down what came to mind. Errors, repetitions, and gaps are typical.

Mi madre es brillante y es inteligente. También, mi padre es brillante y es inteligente. Mi papá pasó unos años en la Guardia Nacional. No tengo hermanos. Yo hablo de mi madre y mi padre. No sé qué más quiero decir de mi padre. Una posibilidad: Mi padre es americano. Mi madre es china. Mi madre es católica. Mi madre tiene una profesión in-

teresante. No sé cómo decir su profesión exactamente en español. Pero—
más o menos—ella es un tipo de abogada. Ella es abogada. Ella es una
abogada criminal. Trabaja mucho. Trabaja todos los días. Trabaja con
otros abogados y muchos criminales. Ahora voy a hablar de mi papá.
Mi papá es mecánico. Pienso que la palabra mecánico está mal. No
puedo escribir en español exactamente su profesión. No sé. Él es mecánico técnico. Trabaja con computadoras. Las computadoras son com-
plicadas y muy útiles.

Though you shouldn't worry about how well your freewriting turns out,
you may find that you produce your best work this way—the mind is often at
its most creative when it's relaxed. But the most important benefit of freewriting is that it makes the words flow more easily. When you are feeling stuck for
ideas or tense about writing in Spanish, a ten- or fifteen-minute freewriting
session will get your ideas flowing. And daily freewriting will make you a
more fluent writer.

Práctica 2.1   Escribir sin detenerse

A. En un cuaderno, escriba por quince minutos sobre cualquier tema. El contenido no es importante. Escriba para desarrollar un estilo que fluya.

B. Seleccione una de las siguientes descripciones o una descripción que le sugiera su instructor(a). Escriba de diez a quince minutos. Use cualquier idea que
le venga a la mente. No importa si sus ideas varían del tema original, o si
comete errores. Siga escribiendo sin detenerse a pensar.

1. Describa a una persona (un amigo o una amiga, un político o una
   política, un[a] cantante).
2. Describa un lugar (una ciudad, un río, una casa).
3. Describa un suceso (una manifestación, una ceremonia, un concierto).

Al usar la computadora

Práctica 2.2   Escribir sin detenerse

Reduzca la intensidad del monitor para no ver, y así no poder revisar
lo que está escribiendo. Escriba lo que le venga a la mente durante
diez minutos sin detenerse a pensar ni a corregir errores. Después
aumente la intensidad y lea lo que escribió. Usando la función de
subrayar, subraye cualquier palabra o frase que le parezca importante. Después reduzca la intensidad otra vez y escriba libremente
otros diez minutos, usando como punto de partida la palabra o frase
que subrayó. Repita este ciclo una vez más.

Discovering Your Ideas: Brainstorming

Even after you feel warmed up, you may not know what you want to say or may think that you don't have enough to write about. One way to generate ideas is through *brainstorming*. Brainstorming consists of jotting down every possible idea on your subject, regardless of whether or not it seems worthwhile. Rather than write down *everything* on your mind, as you do with freewriting, you stick to the topic of your paper. Brainstorming is like freewriting in that it helps break down the critical voice that might suppress an idea that looks unreasonable on the surface, but may prove usable. Thus, don't hesitate to use ideas that seem foolish or marginally relevant; they may lead you to something important.

Brainstorming differs from freewriting in that you list your ideas as single words or short phrases, rather than write full sentences or paragraphs. Just make a list of everything that occurs to you about your subject without stopping to analyze or judge each idea. Try to amass a lot of ideas: you should end up with far more items than you can possibly use, perhaps ten times as many. You might want to do brainstorming with a partner or group. As a communal thinktank, often used in business, brainstorming can produce a wide range of ideas.

Tema: La descripción de mi mejor amiga

Ella duerme hasta muy tarde los sábados.
Es morena y es alta.
Tiene un vestido rojo muy elegante.
Lee muchas revistas francesas.
Admira la ropa francesa.
Tiene muchos animales.
Tiene un perro blanco y negro.
Tiene una familia grande.
Fue a Puerto Rico el año pasado.
Canta de vez en cuando.

Prefiere los perfumes franceses.
Habla rápidamente.
Sus abuelos quieren que ella viva con ellos.
Es aficionada a los deportes, pero no le gusta el fútbol americano.
Su novio es futbolista.
Come chocolates todos los días.
Su mamá viaja a México y a Chile con frecuencia.

Práctica 2.3   Escribir por lluvia de ideas

Seleccione uno de los siguientes temas. Escriba una lista de tantas ideas como pueda — por lo menos veinte — en una hoja aparte. No importa si una idea no parece muy útil. Es importante que escriba *todas las posibilidades* en su lista.

1. Describa a un amigo (una amiga).
2. Compare dos cosas o dos lugares.
3. Considere un problema o un conflicto.

Al usar la computadora

Práctica 2.4   Escribir por lluvia de ideas

Si el profesor (la profesora) ha pedido que escriba sobre un tema en particular, puede hacer lo siguiente: Trabaje en grupos de tres o cuatro personas. Escojan a una persona para que escriba en la computadora mientras los otros miembros del grupo mencionan sus ideas por medio de lluvia de ideas.

Al usar la computadora

Práctica 2.5   Pensamientos

A. Imagine que va a escribir un ensayo sobre cualquier tema. Escoja un tema y en una lista, escriba sobre cualquier aspecto que esté relacionado con su tema. Trabaje sin pararse a considerar los méritos de cualquier cuestión. Escriba por lo menos veinte pensamientos.

MODELO   **Tema: El ejército romano**

Los soldados estaban dedicados a la vida militar.	La disciplina era severa.
Había 5.500 hombres en cada legión.	Podían ganar premios.
Los campamentos estaban construidos de piedra.	Sabían cavar trincheras (*dig ditches*).
La armadura estaba montada sobre correas (*large straps*).	Podían construir puentes.
Se llevaba la armadura plegada en una bolsa.	Los auxiliares eran de tribus recientemente vencidas.
Los campamentos tenían lugares de recreo.	Tenían que saber buscar alimento.
Tenían tabernas.	Sabían nadar y montar a caballo.
Tenían casas de baño.	A los chicos se les enseñaba a luchar desde la infancia.
La vida no era del todo incómoda.	Tenían una organización superior a la de los bárbaros.
La paga era mínima.	Los campamentos de base estaban cerca de la frontera.

B. Usando la función para mover texto, agrupe los pensamientos que vayan juntos, formando varias listas cortas. Ponga a cada lista un título, escribiendo todo el título en letras mayúsculas. Clasifique uno de sus grupos como **Desechos** (*Leftovers to be discarded*) y mueva a ese grupo todas las ideas que no piense usar.

MODELO   **Tema: El ejército romano**

LA GRANDEZA DEL EJÉRCITO
Tenían una organización
    superior a la de los bárbaros.
Había 5.500 hombres en cada
    legión.
FUNCIONES DE LOS SOLDADOS
Los soldados estaban
    dedicados a la vida militar.
Podían ganar premios.
Sabían cavar trincheras.
Podían construir puentes.
Tenían que saber buscar
    alimento.
Sabían nadar y montar a
    caballo.
LOS CAMPAMENTOS
Los campamentos de base
    estaban cerca de la frontera.
Los campamentos estaban
    construidos de piedra.

Los campamentos tenían
    lugares de recreo.
Tenían tabernas.
Tenían casas de baño.
LA ARMADURA
La armadura estaba montada
    sobre correas.
Se llevaba la armadura
    plegada en una bolsa.
LA VIDA
La vida no era del todo
    incómoda.
La paga era mínima.
La disciplina era severa.
DESECHOS
A los chicos se les enseñaba a
    luchar desde la infancia.
Los auxiliares eran de tribus
    recientemente vencidas.

Visualizing Your Ideas

Some writers find it useful to arrange their ideas visually on the page—in shapes such as circles, stars, ovals, or trees—rather than simply listing them, as in brainstorming. By clustering ideas on the page according to spatial patterns, you can literally see the relationships among them.

VENN DIAGRAMS

One way to generate information for a paper is to compare your subject to something similar to or different from it. You can visualize and organize the comparison by drawing a *Venn diagram,* as follows.

1. Draw two overlapping circles.
2. In one of the outer sections, list ideas that pertain to one of the items you are comparing, but not to the other item.
3. In the other outer section, list contrasting ideas—those that pertain only to the other item in your comparison.
4. In the middle portion, list the information that the two items have in common.

Diagrama Venn: Personajes de dos de las obras teatrales de Federico García Lorca*

Bernarda Alba
de La casa de Bernarda Alba

Yerma
de Yerma

tiene 60 años

madre

dominante

maniobradora

viuda

cruel

tiene poder

religiosas

mujeres frustradas

personaje central de cada obra

se fijan mucho en la crítica social

oprimidas

saben cuáles son las obligaciones que
les impone la sociedad española

sumisas

atemorizadas

joven

quiere concebir

casada

animada

apasionada

agitada

Práctica 2.6   El diagrama Venn

Explore uno de los siguientes temas usando la estructura del diagrama Venn.

1. Compare sus preferencias en cuanto a la música, los programas de televisión, las películas o los libros con las preferencias de un amigo suyo (una amiga suya).
2. Compare dos personajes de una obra literaria que Ud. estudia actualmente o que ha estudiado.
3. Compare dos diferentes puntos de vista sobre un tema social del que Ud. está informado/a (por ejemplo, los derechos de los animales, la discriminación sexual). Señale en el diagrama los puntos en que las dos perspectivas coinciden y aquéllos en que no coinciden.

STAR DIAGRAMS

A *star diagram* can help you generate ideas as well as assemble a vocabulary for describing them. Follow this procedure to create this type of diagram.

1. Draw a five-point star, placing your topic inside the star.
2. At each point of the star, write a word that you associate with your topic.
3. Next to each word, make a vocabulary list that is relevant to that word.

---

* Federico García Lorca (1898–1936) fue un gran poeta y dramaturgo español.

Estrella de palabras: «La Tehuana»

Se le ve solamente
parte del cuerpo
la cubre el traje
se sienta derecha
la boca
entreabierta
sentada

la acción

dignidad
mira al público
rebelde
fuerte
grave
orgullosa

la mirada

«La Tehuana»

la ropa

el traje
domina la
pintura
arrugas
blancas, muy
grandes
traje
tradicional
dos collares
falda blanca

cabello negro
y largo
cejas negras
dedos largos
manos
elegantes
nariz
encorvada

**el aspecto
físico**

el significado

la dignidad
de la
cultura
indígena
la cultura
mexicana
la grandeza
del pasado

La Tehuana (1914),
Saturnino Herrán

Práctica 2.7   La estrella de palabras

Vea con atención el cuadro *Niño enfermo* del artista venezolano Arturo
Michelena (1863–1898). Después haga una estrella de palabras para
describir la pintura.

Niño enfermo (1886),
Arturo Michelena

WORD WHEELS

Like the star diagram, a *word wheel* will help you collect vocabulary as you think of material for your paper.

1. In the center of a blank sheet of paper, write a word or short phrase that is important to your composition theme.
2. Circle it, and draw lines, like the spokes of a wheel, from the circle.
3. At the end of each line, write a word that you associate with the word (or phrase) inside the circle.

Rueda de palabras: Las causas del racismo

falta de estimación propia

experiencia negativa con una persona de otra raza

el desempleo

la codicia

las causas del racismo

el miedo de perder su propia identidad cultural

la ignorancia

padres o amigos racistas

Práctica 2.8   Una rueda de palabras

Haga una rueda de palabras que responda a una de las siguientes preguntas.

1. ¿Cuál fue el aspecto más impresionante de la última película que Ud. vio?
2. ¿Cuál es la meta fundamental de una educación universitaria?

ISSUE TREES

Once you have some ideas to work with, you can generate more ideas by drawing an *issue tree*. An issue tree is a sketch that shows the relationship between your ideas. The most general point goes on top, and the sub-ideas branch out beneath it.

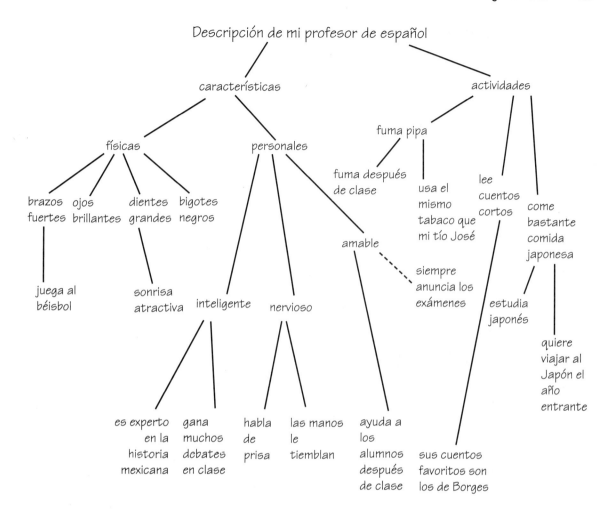

In this issue tree, the topic — a description of the writer's Spanish professor — goes on top, as the most general category. The topic has been organized into two subtopics — the professor's personal characteristics and his typical activities. Each of the lines leading from these subtopics points to further subdivisions: the professor's personal characteristics are divided into physical appearance and personality; and his activities are typically pipe smoking, reading short stories, and eating Japanese food. As the lines descending from each of these categories indicate, each category is further subdivided, providing additional details about the professor.

By organizing your ideas in a visual map, you can see how they fit together and decide if you have omitted anything. Reviewing your ideas this way can also suggest new ones to include, for example, new branches to add to the tree or new spokes to add to the word wheel. In the example of the issue tree, the items connected to dotted lines indicate ideas added after the original tree was drawn.

Práctica 2.9   Crear un árbol de ideas

Llene los espacios en blanco del árbol de ideas.

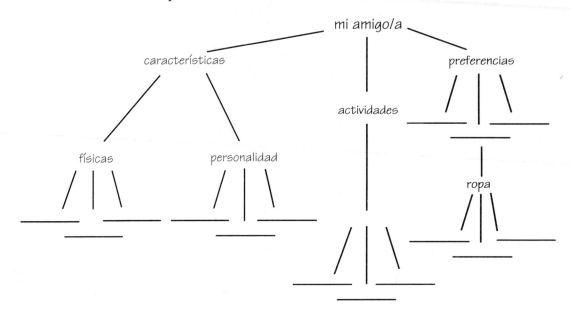

Práctica 2.10   Los gitanos

Lea la lista de oraciones sobre los gitanos en España. Luego coloque esa información que sigue en el árbol de la página 26. Es posible agregar más ramas. Intente usar todos los datos que sean posibles, pero será necesario escribirlos en frases muy cortas, como en los árboles que Ud. ya ha visto.

Tema: Los gitanos en España

1. Los gitanos forman un grupo étnico dentro de la población española.
2. Viven en España desde hace muchos siglos.
3. Viven más gitanos en España que en cualquier otro país de Europa.
4. Los gitanos emigraron de la India hace muchísimos siglos.
5. Los valores tradicionales de la mujer gitana son la virginidad, el matrimonio y la continuación de la raza.
6. El 73 por ciento de los gitanos son analfabetos (*illiterate*).
7. Entre los niños gitanos el raquitismo (*rickets*) es cinco veces más frecuente que en el resto de la sociedad.
8. Entre los gitanos, las palabras *payo, paya* (masculino y femenino) quieren decir de raza no gitana.
9. Entre los gitanos, *calé* (masculino y femenino) significan de raza gitana.
10. Los gitanos no suelen tener relaciones o casarse con personas que no sean de su raza.
11. Históricamente los gitanos han llevado una vida nómada.

Gitanos españoles,
Sevilla, España

12. Hoy día el 75 por ciento de los gitanos españoles vive en chabolas
(*slums*) en las afueras de Madrid y Barcelona.

13. Hay más de 300.000 en España hoy.

14. Entre los gitanos, la mujer casada sin hijos no es una mujer «completa».

15. Los empleos tradicionales de los gitanos desaparecieron hace mucho
tiempo debido a la sociedad moderna industrial.

16. Actualmente el 80 por ciento de los gitanos no tiene empleo regular.

17. Dentro de España los gitanos han sufrido y sufren persecuciones por ser
una minoría y por tener una cultura diferente.

18. Las chicas gitanas suelen celebrar sus bodas a temprana edad.

19. En 1971 se publicó un libro titulado *Nosotros, los gitanos.* Es el primer
libro escrito por un gitano español sobre los gitanos.

20. Los gitanos han tenido y tienen mucha fama porque cantan y bailan el
flamenco.

21. España es famosa por sus gitanos.

22. Podemos ver a través de la historia que los gitanos españoles han sido
encarcelados muchas veces debido a sus diferencias culturales y sociales
y a la imagen negativa que se les impuso de ser tipos mentirosos y
engañadores.

23. Frecuentemente familias enteras de gitanos viven en una casa pequeña.

24. A pesar de vivir en sitios muy pequeños, se dice que jamás se han dado
casos de incesto entre padres e hijos, ni entre hermanos.

25. En 1977, por primera vez un gitano llegó a ocupar un sitio en el parla-
mento español. Es el único diputado gitano de Europa.

26. ¡Oh, ciudad de los gitanos!
La Guardia Civil se aleja[a]
por un túnel de silencio
mientras las llamas[b] te cercan.

    —Federico García Lorca*

[a]*se... moves away* [b]*flames*

---

* Federico García Lorca idealizó la vida de los gitanos, sobre todo su idea de libertad. Estos versos
son parte de su «Romance de la Guardia Civil Española».

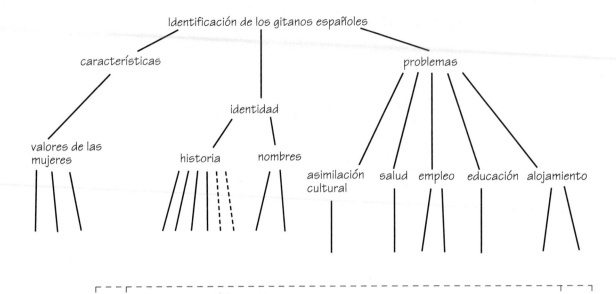

Al usar la computadora

Práctica 2.11   Crear un árbol de ideas

Si tiene la posibilidad de usar un programa con funciones gráficas, dibuje en la computadora un árbol de ideas vinculadas al tema de su composición. Ponga la idea principal (su tema o tesis) encima del árbol y añada unas líneas que conecten la idea principal con cada idea subordinada. Después ponga líneas de cada idea subordinada que muestren más sub-ideas que emanen de cada una de ellas. Siga dibujando ramas hasta que haya mostrado todas las conexiones posibles entre sus ideas.

ANALOGIES

While Venn diagrams, star diagrams, word wheels, and issue trees can help you explore your ideas by arranging them in a spatial pattern, you can also explore and expand your topic through *analogy.* By comparing your subject to objects or activities that you don't usually associate with it—that is, by creating unusual comparisons—you can discover some surprising resemblances that let you see your topic in a new way.

> Mi profesora habla como una máquina.
> Sus dientes son perlas de plástico.
> La casa blanca parecía un iglú con ventanas.
> El avión era una bala gris.
> El gran señor pomposo hablaba sin pausa. Era un globo que se desinflaba.

Práctica 2.12   Las analogías

A. Complete en forma imaginativa las siguientes analogías. Invente asociaciones inesperadas y originales.

1. La pluma mía ____.
2. El papel blanco ____.
3. Mi padre ____.
4. Los exámenes en la clase de español ____.
5. El día ____.
6. Mi profesor(a) ____.
7. La cucaracha negra ____.
8. La botella de cerveza ____.
9. El reloj que está en la pared ____.
10. El sol ____.
11. La lluvia ____.
12. Por la mañana, mi coche ____.

B. Invente la primera parte de las frases. Haga comparaciones originales.

1. ____ como un ángel.
2. ____ como la nieve.
3. ____ como la muerte.
4. ____ como la noche.
5. ____ como el mármol.
6. ____ como una serpiente.
7. ____ como dos gotas de agua.
8. ____ como boca de lobo.
9. ____ como una mariposa.
10. ____ como un mártir.
11. ____ como el viento.
12. ____ como el ¡ay! de un moribundo (*dying person*).

QUESTIONS AND ANSWERS

Another way to explore your ideas is to ask the six journalist's questions—Who? What? When? Where? Why? How?—of your topic.

Tema: Imelda Marcos es la María Antonieta del siglo XX.*

¿Quién es Imelda Marcos? → Imelda Marcos era la esposa de Fernando Marcos, quien fue presidente de las Filipinas.

¿Qué hizo ella? → Imelda Marcos se hizo famosa por sus costumbres extravagantes. Tenía miles de zapatos; depositaba mucho dinero en su cuenta personal en un banco de Suiza; viajaba por todo el mundo; coleccionaba objetos de arte; tenía muchísima ropa; hacía regalos frívolos a sus amigos; y compró parcelas y edificios en Nueva York por más de 200 millones de dólares. Mientras ella gastaba montones de dinero, la gente filipina permanecía en la pobreza.

¿Cuándo ocurrió eso? → Eso ocurrió durante la presidencia de Fernando Marcos (1965–1986).

¿Dónde? → En las Filipinas, que es un país pobre.

---

* La reina María Antonieta era la esposa de Luis XVI, rey de Francia a fines del siglo XVIII. Tenía fama de ser extravagante e indiferente a los problemas de sus súbditos.

¿Por qué hizo eso? → Porque Imelda Marcos es una mujer extravagante y egoísta. Los filipinos no tenían control sobre los Marcos.

¿Cómo lo hizo? → Le robaba al pueblo filipino. Engañaba a la gente filipina.

Tema: Imelda Marcos es una mujer filipina ejemplar.

¿Quién es Imelda Marcos? → Imelda Marcos era la esposa de Fernando Marcos, quien fue presidente de las Filipinas.

¿Cuál es la razón de su popularidad? → Imelda Marcos viene de una buena familia filipina. Es una mujer educada y cortés. Ayudaba a su esposo en su vida política. Cuidaba a su esposo, a sus tres hijos y también se cuidaba a sí misma. Como joven fue elegida *Miss Manila.* Durante la presidencia de su esposo, daba discursos a la gente filipina. Hizo propaganda para vender productos filipinos como, por ejemplo, zapatos. Es un modelo para las mujeres filipinas.

¿Cuándo se hizo famosa? → Durante la presidencia de su esposo (1965–1986), y sigue siendo famosa hasta hoy día.

¿Dónde se crió? → En las Filipinas.

¿Por qué es una mujer ejemplar? → Es una buena mujer: considerada, compasiva, esposa y madre ejemplar.

¿Cómo se comporta ahora? → Lo mismo. Es así por su gracia, educación, belleza e inteligencia.

The answers to these questions may start you thinking of other questions about your topic. After the questions above, for example, the writer might wonder,

¿En qué manera era la señora Marcos una esposa ejemplar?

Práctica 2.13   Preguntas y respuestas

Analice uno de los temas que siguen usando la técnica de preguntas y respuestas.

¿Quién? ¿Cuándo? ¿Por qué?
¿Qué?/¿Cuál? ¿Dónde? ¿Cómo?

1. Los vegetarianos comen de una manera saludable/insípida.
2. Haga una descripción de lo que ve ahora.
3. Una universidad que evalúa sin dar calificaciones.
4. Haga un análisis de la razón por la cual la gente cultiva plantas dentro de su casa.
5. El actor (la actriz) _____ es popular porque _____.
6. Una educación universitaria no asegura un buen sueldo.

Al usar la computadora

Práctica 2.14   Preguntas y respuestas

Imagine que tiene que escribir un ensayo. Primero, escoja el tema del
ensayo y luego escriba las seis preguntas (¿quién?, ¿qué?/¿cuál?,
¿cuándo?, ¿dónde?, ¿por qué?, ¿cómo?) en una lista, insertando dos
retrocesos (*returns*) después de cada una. Después de cada pregunta,
inserte su respuesta, basada en el tema de su ensayo. Escriba una respuesta completa tanto como le sea posible—ya sea una oración o un
párrafo.

NOTECARDS

Another way to get started is to collect facts about your topic. With a stack of
3-by-5-inch notecards, put each fact on a separate card. When you have assembled a pile of at least twenty cards, read through your stack and create several
smaller stacks by arranging your cards in categories. If you were writing a comparison between city and country life, your cards might look like these:

Fichas

En el campo hay poco tráfico y poca contaminación.	Hoy día en los EE.UU. hay menos tierra sin explotar que en el año 1900.	Las presiones que la vida urbana produce no existen en el campo.
Hoy día en los EE.UU. viven menos personas en el campo que en el año 1920.	El ritmo de la vida en la ciudad es intenso y fascinante.	Hay menos delincuencia en el campo.
En la ciudad hay más posibilidades de empleo.		

Now the same notecards are organized by categories.

Fichas organizadas en tres categorías

a favor de la vida del campo	en contra de la vida del campo	inaplicable

En el campo hay poco tráfico y poca contaminación.

El ritmo de la vida en la ciudad es intenso y fascinante.

Hoy día en los EE.UU. hay menos tierra sin explotar que en el año 1900.

Las presiones que la vida urbana produce no existen en el campo.

En la ciudad hay más posibilidades de empleo.

Hoy día en los EE.UU. viven menos personas en el campo que en el año 1920.

Hay menos delincuencia en el campo.

Práctica 2.15   Las fichas

Imagine que tiene que escribir un ensayo con la siguiente idea principal: la vida del campo es mejor que la vida urbana. Escriba esa idea principal en la parte superior de una hoja aparte. Luego, lea la información que sigue y organícela, escribiendo cada frase bajo una de estas cuatro categorías.

1. El campo ofrece contacto con la naturaleza.
2. La vida del campo es más sencilla y mejor para la salud.
3. Las relaciones entre las familias campesinas son más estrechas.
4. Las fichas que son inaplicables al tema.

   a. Hoy día hay muchos agricultores que no pueden prosperar en el campo.
   b. Hay menos delincuencia en el campo.
   c. Por la noche las luces de la ciudad son hermosas.
   d. En el campo hay poco tráfico.
   e. En el campo, los precios de muchos productos son más bajos que en la ciudad.
   f. En la ciudad hay bibliotecas enormes y selectas.
   g. El perfil de los rascacielos urbanos es poético.

h. Hay más confianza entre la gente del campo.
i. Hay poca contaminación en el campo.
j. Hoy día en los EE.UU. hay menos tierra sin explotar que en el año 1900.
k. El ritmo de la vida en la ciudad es intenso y fascinante.
l. La vida campesina es tranquila.
ll. En el campo hay animales peligrosos (por ejemplo: insectos, lobos, serpientes).
m. En el campo abunda la comida fresca.
n. En la ciudad hay más posibilidades de empleo.
ñ. Hoy día en los EE.UU. viven menos personas en el campo que en el año 1920.
o. Se puede cazar y pescar en el campo.
p. Por la noche, en el campo el sonido de los insectos parece una sinfonía.
q. En el campo no existen las presiones de la vida urbana.
r. En el campo hay más contacto con la naturaleza.
s. En el campo los vecinos son importantes.

Al usar la computadora
Práctica 2.16   Las fichas

Haga la Práctica 2.15 en la computadora y guarde la información en la computadora haciendo un archivo sobre cada categoría. Cuando esté listo/a para escribir su informe, podrá copiar la información de este archivo directamente a su ensayo. Asegúrese de poner nombre a cada archivo para identificar fácilmente el contenido de cada uno.

Chapter 3

The First Draft

 Occasion, Purpose, Audience

All writing has a purpose and occasion. You're outraged by a newspaper article and are moved to send your opinion to the editor. You plan a trip to Spain and write a letter to the Spanish consulate requesting tourist information. Your friends compliment your cooking, so you jot down a recipe for gazpacho. You take essay exams to show the instructor what you know and write essays to show your analytical and communication skills.

All writing occasions, with a few exceptions like grocery lists and private journal entries, also have an audience, a reader you are trying to reach. Your choice of subject, the information you include and exclude, and the tone and style of your writing all depend on what you are trying to accomplish and who will be reading your work. A letter to a teacher, appealing for a grade change, will take a different tone from a letter to your mother, asking her for more money, though both letters aim to persuade. A review of a concert you attended will come out differently in an essay for your music class than in a letter to a friend, though in both cases, you impart information and voice your reactions. At the outset of your writing project, it is important to consider the purpose of your writing—the action or reaction you want from the reader, your reader's needs, and the occasion for your writing.

Práctica 3.1 Una carta

Un modo de anticipar qué tipo de información necesita su lector es escribirle una nota o una carta. Cuando escribe una carta (en vez de un ensayo, por ejemplo), Ud. puede concentrarse en la información que su lector en particular necesita y adoptar el tono apropiado. Por ejemplo, note que los autores de las dos cartas a continuación se dirigieron a sus lectores respectivos con mucho tacto y diplomacia.

Santa Pola
27 de agosto de 1992

Estimado gerente,

Me corresponde escribirle una carta en razón de mi estancia reciente en su establecimiento.

Al llegar a su hotel, la recepcionista me informó de que no podía hallar mi reserva y que por casualidad, el hotel estaba completo. Le mostré mi número de confirmación el cual sirvió para localizarla. Después de haberme inscrito, entré en mi habitación que olía al moho[a] y descubrí que el ama de llaves no había dejado toallas en el cuarto de baño. Pertubado, me acosté en la cama para descansar, por causa de un día muy largo y para ver la televisión. ¡Sí! Usted ha advinado bien. No funcionaba. Es por ello que yo le he querido escribir.

Muchas han sido las veces que yo he optado por favorecer su hotel con mi patrocinio por razones variadas:
-se sitúa en una buena vecindad
-el precio de sus habitaciones es económico
-el servicio y la atención que reciben sus clientes
 no desmerecen ante los otros hoteles de su nivel
Debido a estos agravios he pensado cambiar de hotel. Sin embargo si estos problemas se pueden resolver yo de nuevo estaré dispuesto a ser cliente de su establecimiento.

Le agradezco de adelantado.

Iñaggi Javier Peña

Iñaggi Javier Peña

[a]*mold, mildew*

Barcelona
6 de septiembre de 1992

Estimado Señor Javier,

Le agradezco su carta fechada el 27 del mes pasado. Los acontecimientos circundantes a su visita con nosotros no son típicos de la mayoría de nuestros clientes. No queremos que su impresión de nuestro hotel perdure, así que habiendo verificado las quejas que usted nos haya comunicado, deseamos invitarle a quedarse con nosotros otra vez, y a nuestra cuenta.

Sólo hace falta que traiga esta carta con usted para demostrar que su estancia será pagada por la empresa misma.

Gracias por habernos comunicado sus quejas respeto a nosotros.

En espera de su visita,
Muy atentamente,

Mónica Calderón

Mónica Calderón
Gerente

A. Escríbale una carta a otra persona. (Por ejemplo: Pídale dinero a su abuela para algo especial, pídale unos días de vacaciones a su jefe/a o pídales permiso a sus padres de no volver a casa el Día de Acción de Gracias.) Al comienzo de la página identifique el lector, el propósito y el motivo de su carta.

B. Escríbale una carta al padre de un compañero (una compañera) basándose en el siguiente caso.

Lector: El padre de Sparks, un estudiante que vive en una residencia estudiantil.

Propósito: Informarle al padre de Sparks del comportamiento de su hijo y convencerle de que la expulsión de Sparks es justa. Al mismo tiempo mantener buenas relaciones con el padre de Sparks.

Motivo: Ud. es el presidente (la presidenta) de la residencia estudiantil donde Ud. vive. Al principio pensó que sería un puesto interesante porque podría conocer a todo el mundo en la residencia estudiantil, pero ahora que le toca ser presidente/a, la cosa no le parece muy agradable. Tiene que informarle a uno de los residentes, que se llama Sparks, que él no puede seguir viviendo en la residencia. Desgraciadamente Sparks es el hijo del jefe de su padre. El padre de Sparks es un abogado influyente. Ud. pensaba pedirle al padre de Sparks una carta de recomendación para entrar en la Facultad de Derecho el próximo verano.

Escríbale una carta al padre de Sparks, explicándole por qué su hijo no puede seguir viviendo en la residencia. Describa con mucho tacto y diplomacia el comportamiento de su hijo. A continuación le sugerimos las razones por las cuales Sparks va a ser expulsado.

1. Hace mucho ruido con la motocicleta a todas horas.
2. Vende drogas y las guarda en la habitación que tiene en esta residencia.
3. Insultó a un profesor durante una fiesta en la residencia.
4. Causó gran alboroto en la ducha comunal cuando una mañana, durante los exámenes finales, quitó el agua caliente.

Escriba tres razones más.

Práctica 3.2   Análisis de su lector

A. Escriba una carta en la cual Ud. le pide a alguien algo que desea obtener (por ejemplo: un coche nuevo a su padre o un aumento de sueldo a su jefe) o escríbala según esta situación: Acaba de recibir su carnet de conducir y quiere viajar en coche por los EE.UU. Para eso tiene que persuadir a su familia de que acepte sus planes.

B. Ahora describa a su lector. Mencione sus gustos, aversiones, afiliación política, edad, posición social, personalidad, educación e intereses. ¿Cuál es la característica que más podría influir en su reacción a la carta? ¿Por qué?

Práctica 3.3   Las instrucciones

Describa en una hoja aparte—paso a paso—la ruta completa que Ud. sigue desde su casa para llegar a la universidad. Señale cualquier punto que podría ser de interés para su lector. Incluya todos los detalles considerando que su lector no conoce muy bien su ciudad. Antes de empezar, responda a esta pregunta en su hoja: ¿A quién(es) van dirigidas las instrucciones?

Expresiones útiles

Sustantivos: la autopista, la avenida, la bocacalle, la calle, la carretera, la cuadra (la manzana), la esquina, el kilómetro, la milla, la salida, el semáforo, el tránsito

Verbos: caminar, cruzar, dar la vuelta, doblar

Preposiciones: a la derecha, a la izquierda, delante de, frente a

Adverbios: cerca, derecho (recto), lejos

MODELOS:

La avenida Flores está cerca. Hay que caminar hasta la librería que tiene
la puerta roja. Al llegar a la librería, doble a la izquierda en la calle San
Marcos. Siga recto hasta que vea el restaurante «El Patio». Está a tres cua-
dras de mi casa. Mi casa es blanca y tiene una ventana enorme. Está junto
a la florería «Trujillo».

Al bajar la Rambla:*

Cuando se baja la Rambla, a la derecha, se abre la calle Nueva de la
Rambla, fruto de una reforma ochocentista. Sigue recto hasta la pendiente
de la montaña de Montjuïc, donde muere bajo las fuentes que en otro
tiempo fueron centro de diversión de los barceloneses de la época romántica. La más famosa de estas fuentes es la «Font Trobada», que ha llegado
hasta nuestros días como lugar muy popular donde ir a merendar y a bailar... En la calle Nueva (en el número 3), a pocos pasos de la Rambla y a
mano izquierda, se halla el Palacio Güell, obra de Antonio Gaudí† que se
empezó a construir en 1885 y se terminó en 1889.

—*Alexandre Cirici,* Barcelona paso a paso, *1975*

Plano del Centro de Barcelona

---

* La Rambla (*Les Rambles* en catalán) es un paseo histórico que se encuentra en el centro de la ciudad de Barcelona.
† Antonio Gaudí (1852–1926) fue un gran arquitecto catalán, creador de un nuevo estilo en
arquitectura. El plano está en catalán, la lengua regional de Cataluña.

Parque Güell, Barcelona, España

Práctica 3.4   El lector de su ensayo

Imagine que tiene que escribir un ensayo. Primero, escoja el tema del ensayo y luego responda a las siguientes preguntas sobre su lector.

1. ¿Quién es el lector de su ensayo?
2. ¿Qué sabe su lector del tema antes de leer su ensayo?
3. ¿Qué tipo de información debe incluir en el ensayo?
4. ¿Por qué (no) querrá el lector leer su ensayo?

Al usar la computadora

Práctica 3.5   Cómo comunicarse con su lector

A. Después de que haya escrito la versión preliminar de su ensayo, intercambie ensayos con un compañero (una compañera) de clase, siguiendo uno de los métodos a continuación.

1. Copie su ensayo en el disco de su compañero/a. Su compañero/a va a copiar el ensayo de Ud. en el disco de él (ella).
2. Si Uds. están trabajando juntos/as en el laboratorio de computadoras, abran los archivos de sus composiciones. Ahora intercambien asientos para que cada uno/a tenga delante la composición del otro (de la otra).
3. Si sus computadoras están interconectadas, mándense sus ensayos por correo electrónico.

B. Lea el ensayo de su compañero/a en la computadora. Al ir leyendo el ensayo, piense en las preguntas que le gustaría hacer sobre lo escrito por su compañero/a. Cuando necesite alguna explicación, entre su pregunta o comentario directamente en el texto del ensayo. Esto se puede hacer por medio de la clave *return*; escriba todas las preguntas o comentarios en letras mayúsculas para distinguirlos del texto de su compañero/a.

C. Su compañero/a debe seguir las mismas instrucciones con su ensayo. Cada uno/a de Uds. debe pensar en por lo menos cuatro preguntas o comentarios.

Focusing

When you write a composition you may be given a specific topic. For example, "Choose a person in the room and, without naming whom you've chosen, describe that person's physical appearance and gestures in enough detail that we can figure out who he or she is." Topics like this don't need to be narrowed down; they're already about as specific as they can be. Often, however, you will be assigned a more general topic, such as, "Describe the most unusual person in your family," "Discuss the advantages and disadvantages of the new immigration law," or "Analyze the character Sancho Panza in *Don Quijote.*"

You must delimit broad topics like these by choosing a subtopic that you can discuss in detail. Your quirky uncle Joe may tell sinister jokes, converse with himself in Greek, and have a soft spot for stray dogs—five of which share his one-bedroom apartment. Maybe he spent twenty years fighting in foreign wars and has turned into an outspoken pacifist. Unless you are writing a very long paper, you probably won't be able to write about all of these idiosyncrasies in detail, so you must choose the ones that interest you most and that contribute to a point you want to make.

Similarly, you would need to delimit the topic on the immigration law: You might define the advantages and disadvantages for a specific group—for example, undocumented aliens in your town, employers in the garment industry, union organizers, or middle-class taxpayers. In the same way, you would need to choose one feature of Sancho Panza to discuss—his attitude toward Don Quijote, or his function in expressing one of the themes in the book. How narrow a subtopic you choose depends on the length of your paper. If in doubt, choose a topic that seems too narrow; the more you think about it, the larger it will get.

THESIS

A paper's thesis is its central idea, stated in a complete sentence: It's the point of your paper—everything else you say simply supports this one idea. Here are examples of three thesis statements.

> El año pasado debí haber comprado un coche nuevo.

> Los deportistas profesionales ganan demasiado dinero.

> Las universidades norteamericanas deben eliminar los programas de intercambio de alumnos con los países extranjeros.

These examples show the thesis statement followed by a list of ideas that could be used to support it.

Tesis: Mi papá tiene que adelgazar (*lose weight*).

Puntos a favor de la tesis:

1. Come sin control.
2. Su médico dice que pesa demasiado.
3. No tiene energía para jugar con mis hermanos menores.
4. Respira fuerte cuando sube las escaleras.

Tesis: Faltan guarderías (*day care centers*) en los EE.UU.

Puntos a favor de la tesis:

1. Cada vez más ambos padres trabajan fuera de casa.
2. Algunos estudios concluyen que hay empleados que pierden su trabajo porque no hay suficientes guarderías.
3. Sobran niños en las guarderías.
4. Hay largas listas de espera para obtener los servicios de muchas guarderías.
5. Muchos niños pasan horas sin atención adecuada porque sus padres no pueden encontrar guarderías.

Unlike a topic (**tema**), which names an issue, a thesis tells the reader what you are going to say about this issue. That's why the thesis must be stated as a full sentence: It's a complete thought.

> **Tema:** Mi ciudad favorita
> **Tesis:** Me gusta la vida nocturna de Buenos Aires.
>
> **Tema:** La técnica artística de Velázquez*
> **Tesis:** Las pinturas de Velázquez son buenos ejemplos del efecto de la luz sobre la forma y el color.
>
> **Tema:** Las ventajas de la soledad
> **Tesis:** La soledad es necesaria sicológica y fisiológicamente.

Although it's possible to write a paper without stating your central idea in one sentence, a thesis makes it much easier for the reader to follow your train of thought. You should state the thesis early in the paper—usually in the first paragraph—so that the reader knows from the outset what your purpose is and how to interpret the information that follows. A clear thesis also helps keep you on track: You can compare every idea in your paper to this one statement to be sure that you're not digressing. In most cases, the most effective location for your thesis is the last sentence of the first paragraph, as the following example shows.

> Una familia de seis u ocho personas hoy día no es muy común, pero puede tener sus ventajas. Siempre hay alguien con quien los niños pueden jugar, charlar y organizar actividades. Uno no tiene que estar solo nunca. Se aprende de joven lo que quiere decir formar parte del grupo,

---

* Diego Rodríguez de Silva y Velázquez (1599–1660) es considerado el pintor clásico español por excelencia.

compartir posesiones y ceder la palabra[a] a otra persona. Como hay más personas durante las comidas, las conversaciones son muy interesantes. En mi opinión, *las familias numerosas comparten una vida rica y variada.*

[a]ceder... *yield the floor*

Práctica 3.6   El tema y la tesis

A. Identifique las siguientes frases con la palabra **tema** o **tesis.**

1. _____ Los lectores buenos son escritores buenos.
2. _____ Las ventajas de tomar el sol.
3. _____ La fama de los vendedores de coches.
4. _____ Tomar demasiadas vitaminas puede ser tóxico para el organismo.
5. _____ La manta que llevan muchos mexicanos es el sarape.
6. _____ Las vitaminas aumentan el nivel de energía.
7. _____ Los problemas sociales mexicanos en las pinturas murales de Diego Rivera.*
8. _____ La palabra **amor** tiene muchas definiciones diferentes.
9. _____ Los compañeros de cuarto complican la vida.
10. _____ El problema de tomar mucho el sol es que aumenta el riesgo del cáncer de la piel.

B. Escriba un tema apropiado para cada una de las siguientes tesis.

MODELOS:

> **Tesis:** Los estudiantes gastan demasiado en libros caros.
> **Tema:** El precio de los libros

> **Tesis:** Pedro habla ruso mejor que tú.
> **Tema:** El ruso que habla Pedro

> **Tesis:** En 1562 Felipe II mandó a construir El Escorial[†] y lo convirtió en su residencia.
> **Tema:** El Escorial

1. La educación es para todos.
2. El costo de mantener un coche es excesivo.
3. La convivencia prematrimonial es un paso importante para cualquier pareja joven.
4. La planificación familiar es fundamental para el futuro del planeta.
5. La inteligencia del ser humano, superior a la de los animales, no debería servir para justificar la tortura de éstos en los laboratorios.
6. En los EE.UU. se está produciendo un hecho desastroso: El sistema de Seguridad Social no sobrevivirá para asegurar a los jóvenes de hoy.

---

* Diego Rivera, pintor mexicano (1886–1957), tiene fama internacional por sus murales de colores brillantes sobre temas histórico-nacionales.
† El Escorial es un monasterio que está al norte de Madrid.

C. Escriba una posible tesis para cinco de los siguientes temas generales.

> **Temas:** los automóviles, la comida, los compañeros de cuarto, la contaminación, la educación, la educación sexual, la etiqueta, los exámenes, el fútbol, la moda, la muerte, las notas, la pobreza, los sueños, la televisión, el trabajo

D. Lea las siguientes selecciones. Identifique el tema y la tesis de los párrafos.

1. Cristina de Borbón* cumplió recientemente los veintitrés años, y su forma de ser, sus gustos, sus inquietudes no difieren en absoluto de los que pueda tener cualquier chica de su edad. La sensible diferencia es que el rostro de la infanta es extremadamente popular y allá donde vaya es reconocida y seguida por buen número de miradas. Eso, esa popularidad, es algo que asume, pero que en muchos momentos trata de evitar, sobre todo en esas escasas salidas privadas, en las que Cristina lo único que pretende es la tranquilidad de una conversación con una buena amiga o disfrutar de la bondad del tiempo por las calles de Madrid.

   — «*La Infanta Cristina*», Hola, *abril, 1989*

La Infanta Cristina de Borbón (a la derecha) con su hermana Elena

2. Se escribe y se repite demasiado a menudo que la unidad nacional de España data del matrimonio de los Reyes Católicos. No es del todo exacto. Los dos territorios (los países de la corona de Aragón: Aragón, Cataluña; y los países de la corona de Castilla) se encuentran simplemente asociados gracias a la unión personal de sus soberanos. Desde ese momento hay, ciertamente, una política y una diplomacia comunes, pero, por lo demás, los dos estados conservan su originalidad, sus leyes, sus instituciones, sus costumbres. Las conquistas exteriores se atribuyen, a su vez, a uno u otro de los dos Estados miembros: Las Indias, Granada y Navarra se incorporan a la corona de Castilla; Nápoles a la co-

---

* Cristina de Borbón es una de las hijas de los reyes actuales de España, don Juan Carlos y doña Sofía.

rona de Aragón. Más que una unión nacional, conviene pues hablar de una doble monarquía, de una etapa en la vía de la unificación, una unificación que, por otra parte, no existirá realmente hasta el siglo XVIII.
—*Joseph Pérez,* La España de los Reyes Católicos, *1986*

Práctica 3.7   Convencer a sus lectores

Imagine que la siguiente información aparece en la sección de opiniones en su periódico favorito. Escriba una carta indicando que Ud. no está de acuerdo con el autor de una de las opiniones de abajo. Intente convencer al autor de su punto de vista y piense en las posibles protestas que sus ideas puedan provocar.

1. Financiar la educación universitaria no es fácil. Sólo los estudiantes que no necesitan ayuda económica deben obtener una educación superior.
2. Acaba de ponerse en marcha un plan espectacular para evangelizar televisivamente el mundo vía satélite. El proyecto, en el que participan personalidades de 31 países, se llama «Lumen 2000».
   —*«Evangelizar el mundo vía satélite»,* Telva, *abril, 1987*
3. «El tiempo es oro.» (proverbio castellano)
4. Después de la muerte no hay nada. (principio de un verso de Séneca)
5. Todos los estudiantes deben comprar una computadora al matricularse en la universidad.

Práctica 3.8   Ensayo sobre un asunto controvertible

Después de que su profesor(a) haya pedido que escriba un ensayo sobre una opinión o un asunto controvertible, prepare un borrador y luego complete las siguientes frases.

1. Mi tesis es ＿＿＿.
2. Las personas que están de acuerdo con mi tesis dicen que ＿＿＿.
3. Las personas que no están de acuerdo con mi tesis dicen que ＿＿＿.
4. Otro comentario a favor de mi idea principal es ＿＿＿.
5. Otro comentario en contra de mi idea principal es ＿＿＿.

Al usar la computadora

Práctica 3.9   Un ensayo sobre un asunto controvertible

Escriba la Práctica 3.8 en la computadora y repita los números 4 y 5 tantas veces como le sea posible. Guarde este ejercicio en un archivo. Va a servirle de bosquejo (*outline*) para su composición. Cuando esté preparado/a para escribir su composición, abra el archivo con el bosquejo y usando la función *insert*, explique en detalle cada punto en su bosquejo.

Composición A

La cena

I. Antes de escribir

Una cena española

Actividad A   Lluvia de ideas

Si tuviera Ud. la oportunidad de organizar una cena, ¿a quiénes invitaría? Podría invitar a cinco personas para comer en una mesa redonda con Ud. Los invitados podrían ser de cualquier época, cualquier país, figuras famosas, políticos, amigos personales, actores, incluso personajes ficticios. Mire los nombres de invitados que siguen. Después escriba una lista preliminar de veinte de sus posibles invitados. Puede añadir otros nombres si quiere.

INVITADOS SUGERIDOS:

Sandra Day O'Connor   William Shakespeare   Madonna   Eleanor Roosevelt

Stevie Wonder   Nelson Mandela   Gloria Steinem   Magic Johnson   Anita Hill

Sigmund Freud   Martina Navratilova   Mark Twain   la princesa Diana

Amelia Earhart   Harriet Tubman   Fidel Castro   Pablo Picasso   ¿?

Mahatma Gandhi   Agatha Christie   Cristobol Colón   Martin Luther King, Jr.

Actividad B   Las fichas

De su lista de veinte posibles invitados, escoja a diez. Prepare una ficha para cada persona escribiendo primero su(s) nombre(s) y apellido(s). Después saque las fichas y bajo cada nombre, escriba de diez a quince características o datos interesantes sobre esa persona.

MODELO: **Una ficha biográfica**

Frida Kahlo

- Pintora mexicana, nació en Coyoacán, México.
- Es una de las mejores representantes del arte fantástico mexicano.
- En su obra se combinó el surrealismo con la pintura popular mexicana.
- A los 18 años, tuvo un accidente en un autobús en que se le rompió la espalda. A partir de entonces su vida cambió, pues nunca se recuperó totalmente del dolor crónico que le quedó como resultado. Uno de los temas de sus pinturas es ese dolor constante y su alegría de haberlo sobrevivido. Su casa en Coyoacán estaba pintada en vivos colores, reflejo del arte folklórico mexicano.
- Vivió una vida un tanto bohemia, típica de los artistas mexicanos de su época.
- Su matrimonio con Diego Rivera, muralista mexicano de renombre, fue tormentoso.
- Murió en 1954.

Actividad C Escogiendo temas

Entre los posibles invitados, escoja a cinco de sus favoritos, tomando en cuenta que Ud. tiene que saber bastante de los intereses de estas personas para imaginar de qué hablarían. Cada persona debe hablar en la mesa con dos de los otros invitados. Pensando en las relaciones entre estas personas, hay que considerar varios temas posibles de conversación. En una hoja aparte haga una lista de personas y temas para ver si los invitados tendrán suficiente en común para conversar.

Actividad D Escritura libre o diálogo

Lea el vocabulario siguiente. Después escriba continuamente unos diez minutos sobre las conversaciones de sus invitados o escriba un diálogo entre dos de ellos.

Ejemplos de ambientes de sobremesa: aburrido, académico, acogedor, activo, agradable, anacrónico, cordial, dinámico, elegante, festivo, formal, frío, insoportable, político, relajado, sencillo, tenso, vivo

Ejemplos de temas de conversación de sobremesa: los amigos, el amor, el arte, las ciencias, la comida, los deportes, el dinero, la filosofía, el fin del mundo, la guerra, la literatura, la música, la paz, la política, la tecnología, el tiempo, el trabajo

Ejemplos de estados de ánimo de los invitados: agresivo, alegre, apasionado, deprimido, enojado, eufórico, impaciente, impetuoso, indiferente, locuaz, optimista, pasivo, tranquilo, triste

Actividad E Examinación gráfica

Haga un esquema para determinar los puestos de sus invitados en la mesa.

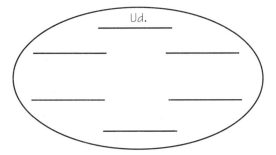

Esquema para la mesa

Actividad F El árbol de ideas

Con un compañero (una compañera) de clase, cree un árbol de ideas referente a dos invitados; uno de su lista, el otro de la lista de su compañero/a. Imagínese que Ud. es el enviado (la enviada) especial de una revista en español (un tipo de revista como la revista norteamericana *Time*) a esta cena importante. Al pensar en los lectores, escriban los datos necesarios que se les ocurran para dar suficientes detalles sobre sus invitados. Sus árboles pueden incluir características físicas, datos personales, preferencias, descripciones de su trabajo o su familia, ideas políticas, etcétera.

II. *Composición*

Lea el tema para escribir. No se olvide de ponerle un título, ni de escribir una tesis para su ensayo. Véase los modelos de tesis que siguen.

Imagine que Ud. está en una cena alrededor de una mesa redonda con otras cinco personas. (Las personas pueden ser figuras famosas, políticos, amigos personales, actores, hasta personajes ficticios de cualquier época y de cualquier país.) Ud. es el enviado (la enviada) especial de una revista en español (un tipo de revista como la revista norteamericana *Time*) a esta cena muy destacada. Siendo el único miembro de la prensa (*press*) que asiste a la cena, Ud. sabe que es un gran honor. Tiene que escribir una descripción completa de la cena como si ocurriera anoche. Mencione quiénes asistieron, dónde se sentaron y lo que pasó.

Puntos a considerar:

- el ambiente de la reunión
- la conversación, los temas de conversación
- las relaciones entre los invitados
- los amigos (las amigas) y los enemigos (las enemigas)
- las consecuencias de mezclar en una reunión ciertos invitados

MODELOS DE TESIS:

> Anoche nos dimos cuenta de que no vale la pena tener a dos feministas y a dos dictadores en la misma mesa como ocurrió en la famosa cena que se celebró con mucha fanfarria (*fanfare*) en Hollywood, California.

> Cuando se planteó la pregunta de cómo resolver la pobreza de muchos habitantes del mundo, la discusión entre dos antiguos jefes de estado y una actriz de teatro fue sumamente interesante.

III. Revisión: Guía para revisar la redacción

Use la siguiente guía para revisar su ensayo o los de sus compañeros. Escriba sus comentarios en la misma composición y firme al pie de la página al final del ensayo de su compañero/a.

Primer borrador

1. Subraye la tesis. Analice lo que está subrayado. ¿Es una tesis o un tema? Si es un tema, escriba algunas ideas para convertirla en tesis (después de leer todo el ensayo).
2. ¿Contribuyen todos los detalles a sostener la tesis? Marque cualquier detalle no relevante a la tesis con puntos de interrogación (¿ ?).
3. ¿Cuál es la combinación de personas más interesante en una reunión? Anote sus preferencias al lado del título.
4. ¿Tiene Ud. algunas sugerencias para mejorar la composición? Escriba por lo menos una idea al margen, entre paréntesis.
5. Para desarrollar más ideas, indique al dorso tres preguntas de Ud. sobre los invitados, las conversaciones o el ambiente.

Último borrador

1. Lea el ensayo en busca de la **a** personal (o la falta de la **a** personal). Se usa la **a** personal delante de una persona cuando es el objeto del verbo. Inserte una **a** donde sea necesario.
2. Lea todos los verbos en el ensayo. Analice cada uno y marque cualquier caso dudoso con un asterisco. Devuélvale el ensayo a su compañero/a para que éste/a consulte a su profesor(a) de español o su libro de gramática sobre los casos dudosos.
3. Si Ud. usa una computadora, corrija errores ortográficos con un diccionario electrónico. Cuando el soporte lógico (*software*) señale que algo anda mal, verifique si es un verdadero error. Consulte un diccionario.

Chapter 4

Developing Your Draft

Collecting Information

As you plan your paper, collect as much information on your subject as you can—from your prewriting exercises or from reading, interviewing people, or directly observing the person, place, or event you are writing about. Acquire far more information than you plan to use; it's easier to eliminate irrelevant or redundant material than to eke out a paper from a few sparse facts. While you research your subject, you might jot down ideas or miscellaneous facts in a journal or notebook, so that when you're ready to write, you'll have a source-book full of useful information. Don't forget to take all your notes *in Spanish* to maintain the habit of thinking and writing in Spanish.

The information you've collected will provide the examples that explain your thesis and make up the bulk of your essay. As you look over a rough draft, see if any of your ideas need to be explained in greater detail. You will need to illustrate any general statement you make because generalizations give only the gist of an idea; it's the detailed examples that show exactly what you mean. Thus, though a general statement like **La cultura antigua de los aztecas no ha desaparecido** is understandable, it's vague. This example clarifies the statement.

> La cultura antigua de los aztecas no ha desaparecido. Su lengua, el náhuatl, es aún hoy el idioma de algunos indígenas mexicanos.

Generalizations Versus Details

Generalizations are usually vague, while specifics are concrete and easy to picture. Compare these statements.

Generalization: Mi hermano es un buen jugador de béisbol.
Specific statement: Mi hermano metió dos jonrones (*home runs*) en el partido de ayer.

Generalization: Algunas de las pinturas de Goya tratan temas históricos.*
Specific statement: En su pintura *El tres de mayo de 1808,* Goya conmemora la resistencia de los españoles contra Napoleón.

Because generalizations give only an impression of the author's ideas, they are open to misunderstanding. In contrast, specific details provide the precise information readers need to avoid misinterpreting what they read. While a general statement like **La Casa de Bernarda Alba de Federico García Lorca†** **es una gran pieza** indicates that the critic likes Lorca's play, it doesn't state why. A "great play" could be any number of things—one that supports the critic's political beliefs, perhaps, or offers suspense and frenetic action, or contains witty dialogue. By adding an explanation and some specific details, the author clarifies the generalization.

> *La Casa de Bernarda Alba* de Federico García Lorca es una gran pieza. Examina sensiblemente las convenciones que oprimen a la mujer en una sociedad estrictamente patriarcal. Percibimos este tema en las acciones de Bernarda Alba, quien mantiene a sus hijas encarceladas[a] detrás de ventanas con rejas[b] con muy poco que hacer fuera de bordar[c] ropa para sus arcas.[d]

[a]*imprisoned* [b]*bars* [c]*embroider* [d]*hope chest*

Specific details also make a paper more interesting. Compare these passages.

General:

Cuando vieron a Hernán Cortés‡ y a sus soldados los indígenas se quedaron asombrados.[a] Se asustaron de los caballos, de los hombres blancos y del fuego de sus armas.

[a]*amazed*

---

* La biografía del pintor español Francisco de Goya se encuentra en la página 146.
† La biografía del escritor español Federico García Lorca se encuentra en la página 20.
‡ Hernán Cortés (1485–1547) fue uno de los exploradores españoles de lo que hoy son México y el Caribe. Agregó el imperio azteca a la corona española.

Specific:

Cuando vieron a Hernán Cortés y a sus soldados los indígenas se quedaron asombrados. Miraban atónitos[a] los caballos de los conquistadores
y a los hombres blancos con barbas que los montaban. Al contemplar
a los españoles disparando los mortíferos[b] fuegos de sus armas, que produ-
cían una detonación nunca oída por ellos, tomaban al caballo y al jinete[c] por un solo ser, mitad hombre y mitad bruto, monstruo tremendo;
o, acaso más bien que monstruo, una divinidad.

—*adaptado de* Andanzas de Hernán Cortés,
de Artemio de Valle-Arizpe, 1987

[a]*astounded* [b]*deadly* [c]*rider*

Al usar la computadora

Práctica 4.1   De lo general a lo específico

Escriba las siguientes oraciones en su computadora. Usando la función para mover el texto, colóquelas en orden desde la oración más
general hasta la más específica.

Desde 1900 la vida de los campesinos mexicanos ha cambiado.

Después de la revolución mucha gente del campo pudo comer
huevos, carne y leche.

Muchos pobres no tenían más que frijoles y maíz.

Después de la Revolución Mexicana de 1910, la vida del
campo ha mejorado.

Los ricos solían comer la comida de más valor nutritivo.

Durante los 70 años que han seguido a la Revolución Mexicana, el régimen de los campesinos contiene más proteínas.

Práctica 4.2   De lo general a lo específico y al revés

A. Empezando con la palabra o expresión dada, dé una serie de palabras pre-
cisas de la misma categoría. En los modelos, la primera palabra es la más general; cada palabra que sigue es más específica que la anterior.

MODELOS:

(*general*) diversión → música → ópera francesa → *Carmen* →
la canción de las cigarreras (*específico*)

(*general*) lugar → Madrid → Paseo del Prado → Museo del Prado →
la galería de esculturas (*específico*)

(*general*) Él se alteró. → Él se enojó. → Él rabiaba. → Él gritaba. →
Él rechinaba (*gnashed*) los dientes. (*específico*)

	general				específico
1. persona famosa	____	→ ____	→ ____	→	____
2. actividad	____	→ ____	→ ____	→	____
3. animal	____	→ ____	→ ____	→	____
4. Me divertí.	____	→ ____	→ ____	→	____

B. Escriba una lista de palabras que vayan de lo específico a lo general.

MODELOS:

(*específico*) Diego Rivera* → pintor de murales → artista mexicano →
mexicano → hombre → persona → ser (*general*)

(*específico*) Mi gato come naranjas. → Mi gato come comidas raras. →
Mi gato tiene hábitos raros. → Algunos animales hacen cosas extrañas.
(*general*)

	específico				general
1. Michael Jackson	____	→ ____	→ ____	→	____
2. un burrito de frijoles	____	→ ____	→ ____	→	____
3. la Alhambra†	____	→ ____	→ ____	→	____
4. Le impresionaron las pinturas de Juan Gris.‡	____	→ ____	→ ____	→	____

Práctica 4.3 El empleo de lenguaje específico

Lea el siguiente episodio. Luego reemplace todos los términos comunes en
bastardilla por palabras más específicas.

MODELO:

Original: Los perros pueden *hacer tareas importantes.*
Revisión: Los perros pueden buscar a niños perdidos y capturar a
delincuentes.

En todos los lugares que vimos en nuestro viaje había *paisajes fabulosos.*
Sacamos fotos de las *montañas majestuosas* y para caminar *subimos* una *colina cubierta de vegetación.* Fue una *gran aventura.* Hasta mi hermana *menor,*
que se aburre fácilmente, lo pasó bien en este *sitio.* Cuando nos cansamos

---

* La biografía de Diego Rivera se encuentra en la página 40.
† La Alhambra es el palacio de los antiguos reyes moros de Granada, España. Hoy día es un lugar
histórico visitado anualmente por millones de turistas.
‡ Juan Gris (1887–1927), pintor español, fue una figura importante en el movimiento cubista.

de contemplar la *naturaleza, fuimos* a un *lugar histórico* donde anduvimos entre *viejos* edificios y escuchamos al guía, que *vestía muy bien,* hablar sobre los *sucesos importantes* que habían ocurrido allí. Me *fascinó* la historia de este lugar y leí un libro con un forro[a] ordinario que, aunque *parecía aburrido,* sorprendentemente, *trataba* los sucesos de una *manera interesante.* Después pasé unos días *en casa* leyendo y pensando en lo que había ocurrido hace *muchos años.*

[a]*cover*

Using Description

One way to develop your paper is through description. A description provides sensory information about your topic—how it looks, feels, sounds, tastes, or smells. It allows the reader to experience your subject the way you do. Consider this descriptive passage.

> La heroica ciudad dormía la siesta. El viento sur, caliente y perezoso, empujaba[a] las nubes blanquecinas que rasgan[b] al correr hacia el norte. En las calles no había más ruido que el rumor estridente de los remolinos[c] de polvo, trapos,[d] pajas[e] y papeles, que iban de arroyo[f] en arroyo, de acera en acera, de esquina en esquina, revolando y persiguiéndose, como mariposas[g] que se buscan y huyen y que el aire envuelve en sus pliegues invisibles.
>
> —*Leopoldo Alas,** La Regenta, *1884*

[a]*pushed* [b]*tear* [c]*whirls* [d]*rags* [e]*straw* [f]*gutter* [g]*butterflies*

Now compare it with a nondescriptive version of the same event.

> La heroica ciudad dormía la siesta. Sólo el viento jugaba: soplaba[a] la basura por todas partes en la calle.

[a]*it blew*

Unlike the nondescriptive version, the original passage doesn't just tell us that the city is inactive and disheveled (and therefore ironically unheroic), it evokes the experience of this passivity and disorder. The word choices appeal to our senses: to our sense of sight—we can picture the white clouds and the bits of dust, rags, straw, and paper tossing about like butterflies; and to our ears—we can hear the murmur of the windblown garbage. The description gives the debris a life of its own, in contrast to the absent human inhabitants.

---

* Leopoldo Alas (1852–1901) fue un novelista, ensayista y crítico español. Escribió bajo el seudónimo de Clarín.

Description is a powerful persuasive tool because it doesn't simply announce an idea, but gives readers an experience that encourages them to accept the idea. Description works best when all the details are chosen carefully to produce a specific effect and when they all illustrate the central idea of the passage. The central idea is italicized in the following description.

> *No se puede negar que la Pepita Jiménez es discreta:* ninguna pregunta impertinente sobre mi vocación y sobre las órdenes[a] que voy a recibir dentro de poco, ha salido de sus labios. Habló conmigo de las cosas del lugar, de la labranza,[b] de la última cosecha[c] de vino y de aceite y del modo de mejorar la elaboración del vino; todo ello con modestia y naturalidad, sin mostrar deseo de pasar por muy entendida.
> —*Juan Valera,*[*] Pepita Jiménez, 1874

[a]*ordination* [b]*farm* [c]*crop*

One way to practice writing descriptively is to imitate detailed descriptions that others have written. To do this, copy the original passage and as you write, replace some of the words with others of your own choosing. For example, if the original sentence is

> Los murales de Orozco[†] se encuentran en los Estados Unidos y en México.

you might write,

> Muchas de las pinturas de Picasso[‡] se encuentran en París y en Barcelona.

or

> Las playas favoritas de Alonso se extienden de California a Baja California.

As you can see, the imitation changes the meaning of the passage entirely (and can even address an entirely different subject, as it does in the last example), but retains its sentence structure and rhythm. It should also maintain the same level of detail as the original. In the following example, the original passage describes the sounds of an outdoor scene; the imitation, the sounds of a kitchen.

Original:

> El río se arrastraba[a] cantando en diminutas cascadas; los pájaros piaban[b] escondidos en los pitahayos,[c] y las chicharras[d] monorrítmicas llenaban de misterio la soledad de la montaña.
> —*Mariano Azuela,*[§] Los de abajo, 1916

[a]*se... crawled, crept* [b]*chirped* [c]*creeping cactus* [d]*cicadas*

---

[*] Juan Valera (1824–1905) fue un diplomático y novelista español.
[†] José Clemente Orozco (1883–1949) fue un pintor y muralista mexicano. Sus murales destacan motivos populares e históricos, alusivos al mundo industrial de la época.
[‡] Pablo Picasso (1881–1973) fue un pintor y escultor español, el fundador del movimiento cubista.
[§] Mariano Azuela (1873–1952) fue un novelista mexicano que escribió sobre la Revolución Mexicana.

Imitation:

La radio seguía sonando con pequeñas interrupciones; el refrigerador hacía mucho ruido en la cocina, y el agua que caía goteando del grifo[a] me recordaba continuamente los problemas del apartamento.

[a]*faucet*

To make the most of this exercise, write out the entire passage, not just the words you plan to change. As you write, you should sense the rhythm of the other writer's syntax and notice how the original passage provides details. These are the features you should imitate.

Práctica 4.4   Para imitar un párrafo descriptivo

Haga una imitación de los siguientes trozos literarios.

1. Se hallaba tan enfrascado[a] en la lectura que el timbre[b] agudo del teléfono le sobresaltó.[c] Desmanotadamente,[d] como si acabara de despertarse, tomó el auricular[e] y, al hacerlo, sus ojos azules, de por sí tristes y ensoñadores, adquirieron una expresión ausente.

   —*Miguel Delibes,*[*] El tesoro, *1985*

   [a]*absorbed* [b]*ring* [c]*startled* [d]*Awkwardly* [e]*receiver*

2. A las cuatro de la tarde, la chiquillería[a] de la escuela pública de la plazuela del Limón salió atropelladamente de clase, con algazara[b] de mil demonios. Ningún himno a la libertad, entre los muchos que se han compuesto en las diferentes naciones, es tan hermoso como el que entonan[c] los oprimidos de la enseñanza elemental al soltar el grillete[d] de la disciplina escolar y echarse a la calle piando y saltando. Salieron, como digo, en tropel;[e] el último quería ser el primero, y los pequeños chillaban más que los grandes.

   —*Benito Pérez Galdós,*[†] Miau, *1888*

   [a]*crowd of youngsters* [b]*uproar* [c]*sing* [d]*fetter* [e]*mob*

Práctica 4.5   El uso de detalles concretos

Cada una de las frases que siguen es sumamente vaga. Escriba las frases de nuevo, usando lenguaje descriptivo como en los modelos.

MODELOS:

Original: Estudias mucho; descansa.
Revisión: Después de una semana entera de problemas de cálculo y

---

[*] Miguel Delibes (n. 1920), novelista español, escribió *La sombra del ciprés es alargada* que obtuvo el Premio Nadal en 1947.
[†] Benito Pérez Galdós (1843–1920), novelista español, escribió numerosos relatos realistas, históricos y de carácter sicológico.

ensayos de sociología, mereces una semana de vacaciones en el parque nacional de Yosemite.

Original: La comida era buena para la salud, pero aburrida.
Revisión: Ellos no desdeñaron la ensalada de frutas, pero deseaban una hamburguesa, papas fritas y una Coca-Cola.

Original: Muchas películas son muy violentas.
Revisión: Si los directores de películas no dejan de hacer películas como *The Texas Chainsaw Massacre,* me quedaré en casa y veré los episodios antiguos de «I Love Lucy».

1. Cuando termine de lavar el coche, voy a pasarlo bien.
2. Si llegara a ser rico, me gustaría seguir trabajando aunque fuera sólo unas pocas horas al día.
3. La vida profesional de los atletas es corta.
4. Mi perro es inteligente.
5. Una de las mejores maneras para calmarse en medio de un lío de tráfico es escuchar la música favorita de uno.

Práctica 4.6   Para describir un sentimiento

Use esta lista de preguntas cuando Ud. quiere describir un sentimiento. Responda a cada pregunta y después use esas respuestas para escribir un párrafo.

1. ¿Dónde se encuentra Ud. cuando siente este sentimiento?
2. ¿Qué le ocasiona este sentimiento?
3. Si este sentimiento fuera una planta o un animal, ¿cuál sería? Explique.
4. Si este sentimiento fuera un libro o una película, ¿cuál sería? Explique.

Práctica 4.7   Usando detalles precisos en descripciones

Piense en una persona o un lugar que sus compañeros de clase conocerán — por ejemplo, una persona en su clase de español, un lugar popular, un monumento histórico o una persona famosa. Sin mencionar el nombre de la persona o el lugar, escriba un párrafo describiéndolo. Sea lo más específico/a posible en su descripción. Luego lea el párrafo a sus compañeros de clase y pídales que adivinen a quién o qué cosa está describiendo.

MODELO:

Era un famoso cantante en la década de los sesenta. Era alto y tenía pelo moreno y liso, que en ese tiempo se consideraba largo. Usaba lentes pequeños y redondos, le gustaba dibujar, escribió libros y compuso muchas de las canciones que cantaba. Sus canciones, libros y dibujos a veces eran caprichosos, a veces sobre asuntos políticos, a veces irónicos y frecuentemente irreverentes y cómicos. Se hizo famoso cuando, con tres amigos, formó el grupo de *rock* los Beatles. ¿Quién es?*

---

* La respuesta es John Lennon.

Práctica 4.8   Para describir una obra de arte

Imagine que Ud. visita el Museo de Arte Moderno en San Francisco, California, y está muy interesado/a en la pintura *El vendedor de flores* de Diego Rivera.* Descríbale esta pintura lo más detalladamente que pueda a una persona que nunca la ha visto.

El vendedor de flores (1935), Diego Rivera, San Francisco Museum of Modern Art

Using Narration

While description illustrates your point by showing what someone or something is like, narration shows your subject in action; it illustrates a point by telling a story. As in description, all the details of a narration should support your thesis. The thesis is italicized in the following example.

---

* La biografía de Diego Rivera se encuentra en la página 40.

La palabra «narcisismo», amor exagerado de sí mismo, viene del personaje mitológico griego Narciso, un joven bellísimo que era indiferente a los demás. Las ninfas no le interesaban. La ninfa Eco lo amaba, pero Narciso la rechazó.[a] Este rechazo le partió el corazón[b] a Eco. Para vengarse[c] ella les suplicó[d] a los dioses que castigaran a Narciso. Éstos cumplieron su deseo. Mientras Narciso bebía en una fuente, vio su propia imagen reflejada en el agua y se enamoró de sí mismo. Nunca pudo alcanzar[e] la figura reflejada en el agua, y él languideció[f] de deseo. Inclinado sobre las aguas, sufriendo por un amor inalcanzable, él se transformó en una flor—el narciso.

[a]*rejected* [b]*le... broke her heart* [c]*avenge herself* [d]*begged* [e]*reach* [f]*languished*

In writing a narrative, be sure to select your details carefully, omitting anything that doesn't directly support your point. The following example shows the above passage as it might look with additional details that are interesting in themselves, but irrelevant to the point that the word "narcissism" comes from the story of Narcissus' excessive self-love. The irrelevant sentences are italicized.

La palabra «narcisismo», amor exagerado de sí mismo, viene del personaje mitológico griego Narciso, un joven bellísimo que era indiferente a los demás. *Aunque en una versión del mito Narciso se enamora de su hermana gemela,[a] la versión más conocida dice que él se enamoró de sí mismo.* Las ninfas no le interesaban. La ninfa Eco lo amaba, pero Narciso la rechazó. Este rechazo le partió el corazón a Eco. Para vengarse ella les suplicó a los dioses que castigaran a Narciso. Éstos cumplieron su deseo. Mientras Narciso bebía en una fuente, vio su propia imagen reflejada en el agua y se enamoró de sí mismo. Nunca pudo alcanzar la figura reflejada en el agua, y él languideció de deseo. Inclinado sobre las aguas, sufriendo por un amor inalcanzable, él se transformó en una flor—el narciso. *A muchos poetas les fascinó esta historia y la adaptaron en sus obras.*

[a]*twin*

Práctica 4.9   Seleccionando detalles relevantes para su narración

Piense en un suceso que Ud. haya presenciado. Escriba una oración (tesis) que explique el significado de este suceso. En una hoja aparte, escriba uno o dos párrafos, contando lo que pasó pero sin comentar sobre el significado del suceso. Trate de hacer aparente el punto principal del párrafo por su manera de relatar la historia. Luego léales la narración a sus compañeros de clase y pídales que adivinen el significado del párrafo. ¿Está Ud. de acuerdo con las interpretaciones de sus compañeros de clase? Pregúnteles qué detalles los llevaron a interpretar la narración de esa manera.

MODELO   **Tesis: Esta cita con un desconocido estaba condenada al fracaso desde el principio.**

Yo le dije a Juana que ella sí le podía dar a Lloyd mi número de teléfono. Él me llamó, su tono era lóbrego^a y defensivo. Las mujeres habían sido una desilusión para él; la gente en general no le interesaba mucho. Bueno, ¿quería salir con él? Tuve dudas, pero decidí hacerlo. Nos encontraríamos en un restaurante.

Camino al restaurante, tardé media hora en salir del amontonamiento del tráfico. Al llegar al restaurante me disculpé^b por haber llegado con media hora de atraso. Yo intenté conversar pero él chasqueó,^c gruñó^d y se mofó^e de todo lo que yo decía. La cena fue breve, muy breve. El pidió la cuenta después del aperitivo sin decirme nada. Caminé sola hasta mi coche.

^a*gloomy*   ^b*me... I apologized*   ^c*mocked*   ^d*grumbled*   ^e*sneered*

Práctica 4.10   Empleando detalles relevantes

Rápidamente haga una descripción de una página sobre algo importante que le pasó a Ud. o a alguien que conoce. Al final de la página, escriba una oración explicando el significado de esta experiencia. Intercambie páginas con un compañero (una compañera) de clase. Lea la descripción de su compañero/a y subraye cada detalle que sostenga la propuesta de la narración; trace una línea sobre cualquier detalle que parezca irrelevante a la propuesta. Su compañero/a debe hacer lo mismo. Vuelvan a intercambiar páginas y comenten sus reacciones.

Práctica 4.11   Narrando desde otra perspectiva

Escriba una historia sobre un suceso. Entonces vuelva a contar la historia desde la perspectiva de otra persona, animal u objeto que sea parte de la historia. (Por ejemplo, el relato de una jockey que ganó una medalla en una competencia sería diferente si fuera relatada por su entrenador [*trainer*], sus padres o su caballo.)

Developing Ideas Through Comparison

Another way to elaborate on your subject is to compare it to something similar to or different from it. Some subjects, in fact, require comparison to provide them with a point of reference. Such is the case with this thesis.

En los EE.UU. la familia moderna se encarga de satisfacer las necesidades afectivas^a de los miembros al igual que alimentar^b a los hijos y ofrecerles seguridad económica.

^a*emotional*   ^b*to feed*

While the sentence makes sense as it stands, a comparison with an earlier concept of the American family would present the subject in a new way by putting it into a context. In the passage below, the comparison with the seventeenth-century family gives depth to an otherwise commonplace observation about American families.

> En los EE.UU. la familia moderna se encarga de satisfacer las necesidades afectivas de sus miembros al igual que alimentar a los hijos. El énfasis en proporcionar afecto es característico de la familia del siglo XX. Hace 300 años el ofrecer ayuda emocional era sólo una de las muchas funciones de la familia. La familia del siglo XVII educaba a sus niños, cuidaba a sus enfermos y a sus viejos, hacía que los jóvenes aprendieran un oficio[a] y funcionaba como el sitio para ahorrar[b] dinero. Por otra parte nosotros mandamos a nuestros hijos a las escuelas públicas, a nuestros enfermos a los hospitales y a nuestros ancianos a los asilos de ancianos;[c] nos formamos en colegios, universidades o fábricas; y mantenemos nuestro dinero en el banco.
>
> [a]*trade* [b]*save* [c]*asilos... retirement homes*

As with all other forms of elaboration, the comparison should illuminate some point you want to make about your subject; thus, the details of the items being compared should all contribute to making this point. If the preceding passage had compared the *stability* of seventeenth- and twentieth-century families, for example—

> En el siglo XX el divorcio perturba a muchas familias modernas; en el siglo XVII el alto porcentaje de mortalidad produjo familias inestables—

it would have drifted from its purpose: to compare the different *functions* of the family.

Al usar la computadora

Práctica 4.12   Comparaciones

Para generar información sobre el tema de un ensayo, compare su tema con otra idea, persona, objeto o experiencia.

1. En su computadora, escriba rápidamente veinte o treinta características de X (su tema). Haga lo mismo con Y (el objeto con el cual está comparando X).
2. Lea sus listas y, usando la función para mover texto, mueva las palabras semejantes y diferentes a otros sitios en la pantalla (o a una ventana separada).
3. Escriba en estilo libre por diez minutos, explorando cada semejanza o diferencia.

Práctica 4.13   Contrastes

Cuando Ud. quiere generar información sobre el tema (X) de su ensayo, conteste las siguientes preguntas.

1. ¿Cómo se puede comparar X con otras cosas que conozco?
2. ¿Cómo se puede comparar el estado actual de X con su estado anterior?
3. ¿Cómo será X en el futuro? ¿Será diferente?
4. ¿En qué es diferente X de lo que yo esperaba?
5. ¿En qué difiere mi percepción de X de la forma en que lo perciben otras personas?

Supporting Ideas with Quotations

If you are writing on a literary topic, you will need to quote portions of the work you are analyzing as part of your evidence. The quotation in the following paragraph supports the writer's contention that Odysseus, like other heroes in *The Odyssey,* needs to boast.

> Los héroes homéricos se jactan;[a] de este modo, pueden estar seguros de que el mundo se entera de sus hazañas[b] y siguen convencidos de que sí son héroes. Así, Odiseo, emocionado porque acaba de engañar a Cíclope, revela su verdadera identidad: «¡Cíclope! Si alguno de los hombres mortales te pregunta la causa de tu vergonzosa ceguera,[c] dile que quien te privó del ojo, fue Odiseo el asolador[d] de ciudades, hijo de Laertes, que tiene su casa en Ítaca.»

[a]*se... boast*   [b]*deeds*   [c]*blindness*   [d]*destroyer*

When you quote word for word in Spanish, you surround the quote with **comillas,** Spanish quotation marks.

> Al final del drama, *La casa de Bernarda Alba,* la hija de Bernarda está muerta, pero Bernarda no se permite llorar: «Yo no quiero llantos. La muerte hay que mirarla cara a cara.»

(In your reading, however, you may notice that some Spanish publications choose to use English quotation marks (" ") rather than the traditional **comillas.**)

If you are quoting a conversation, use dashes—called **guiones largos**—instead of **comillas.**

> —¿No cree Ud. que Bernarda sea fuerte?— preguntó el crítico.
> —Tiene poder; toda su familia le tiene miedo— respondió la actriz.
> —Pero ella es inflexible, rígida.

Después de un rato, se pusieron de acuerdo y el crítico añadió: —Sí, aunque ella domina a sus hijas, a ella la dominan las tradiciones del pueblo.

In addition to quoting from works of literature, you should use quotations in nonliterary papers when someone else's words are particularly eloquent or when they come from an expert and thus lend authority to your ideas. Direct quotation is a powerful device. It can make your paper more interesting and more convincing, but it must be used sparingly. Rather than build a paper on a large number of quotations strung one after the other, select a few striking statements. These can come from a variety of sources, such as people you have interviewed, books, articles, television shows, and lectures.

Quotations should be short—seldom more than twelve lines. Longer quotations—unless they are exceptionally interesting or you have a particular purpose for them—usually tax the reader's patience. Quotations of less than a line to two lines in length can be embedded in the text, as in this example.

> Ernesto Guevara Lynch,* el octogenario padre de Che Guevara, me dijo una vez en su casa de La Habana que «Fidel [Castro] debe tener un pacto con Dios o con el diablo», porque no puede haber otra explicación para su portentosa[a] vida.

[a]*extraordinary*

Longer quotations should be set apart from the text with narrower margins.

> Según su propia descripción, Fidel Castro era un niño rebelde que provocaba a sus maestros. Pero su insolencia no siempre escapó el castigo.
>
> > Yo pasaba la mayor parte del tiempo haciendo impertinencias... Recuerdo que, cuando no estaba de acuerdo con algo que la maestra me decía, o cuando me ponía furioso, la insultaba con alguna blasfemia e inmediatamente me marchaba de la escuela, corriendo a todo correr... Un día en que la había insultado y corría por el pasillo trasero,[a] di un salto y fui a caer sobre una caja de jalea de guama[b] en la que había un clavo; el clavo se me clavó en la lengua. Cuando llegué a casa, mi madre me dijo: «Dios te ha castigado por haber blasfemado a la maestra.» Y yo no tuve la menor duda de que había sido así.
> > —*Tad Szulc*, Fidel: Un retrato crítico, *1986*

[a]pasillo... *back alley*   [b]*a tropical fruit*

---

* Ernesto Guevara (1928–1967) llamado «el Che» era un político revolucionario. Era argentino pero participó en varios movimientos revolucionarios en Latinoamérica, sobre todo en el de Cuba, como el gran colaborador de Fidel Castro. Fidel Castro (n. 1927) fue un revolucionario cubano y después de 1959, primer ministro de Cuba. En 1976 fue designado jefe del Estado y del Partido.

BRACKETS AND ELLIPSES

To make a quotation fit gracefully into your paper, you can use brackets ([ ]) and ellipses (...). Ellipses indicate portions of the original quotation that you have deleted to shorten the passage.

While ellipses show that you have removed material from the quotation, brackets allow you to add information that is not in the original quotation. The information in brackets clarifies the passage.

> Según el manifiesto de 1924 de los muralistas mexicanos, «el arte del pueblo mexicano es... [el] de la más sana expresión espiritual que hay en el mundo».*

> El arte público es muchas veces un arte político: «La formación de la nacionalidad fue el tema fundamental del muralismo [mexicano].»

Práctica 4.14   Corchetes y elipsis

La siguiente cita viene de un libro sobre la pintora, Frida Kahlo.[†] Extraiga un fragmento de este pasaje, usando corchetes y elipsis.

En 1922, Frida Kahlo entró a la que sin duda era la mejor institución docente[a] de México: la Escuela Nacional Preparatoria. Lejos del control de su madre, hermanas y tías, y lejos de la lenta vida pueblerina de Coyoacán, fue introducida al corazón de la ciudad de México, donde se estaba inventando la nación moderna y donde los estudiantes realmente participaban en ese proceso. Entre sus compañeros se encontraba la crema de la juventud mexicana, los hijos de profesionales de la capital y de la provincia, que querían prepararse para las diversas escuelas para graduados y profesionales de la Universidad Nacional.

—*Hayden Herrera,* Frida: Una biografía de Frida Kahlo, *1983*

[a]*educational*

Autoretrato con mono (1940), Frida Kahlo

---

* El manifiesto del Sindicato de Pintores y Escultores firmado por seis artistas mexicanos inauguró el muralismo en México que celebra las tradiciones indígenas en el arte mexicano.

† Frida Kahlo (1907–1954) fue una pintora mexicana. Sus pinturas son famosas por sus temas personales y su estilo surrealista.

Summarizing

Most papers based on outside sources include summaries as well as quotations. A summary—a short version of someone else's ideas, written in your own words—is almost always more effective than a long quotation. By stating the gist of the original, the summary is efficient and, unlike a long quotation, doesn't distract the reader from your purpose. Like the other details in your paper, the summary should support your thesis. If you are summarizing a plot, resist the temptation to retell the whole story; just describe the parts of the story that directly illustrate your idea.

The length of the summary depends on the degree of detail appropriate to your purpose—it can be anywhere from a few words to several sentences long. Usually, however, a summary embedded in an essay should be as short as you can make it and still get your point across: In a five-page essay, a sentence or two is usually sufficient. Consider the following examples: The first contains a summary of a book by Gabriel García Márquez; the second, a summary of an episode on a television show noted for its violence. The summaries are in italics.

> El nuevo «boom» literario del año está a punto de aparecer y se llama *El general en su laberinto*. Su autor, Gabriel García Márquez, cuenta *los últimos días del libertador, cuando un Bolívar frustrado y enfermo repasa sus épocas de gloria y sus múltiples amores*.
> —«El Bolívar de García Márquez,» *El periodista, 1989*

> En Colombia muchos ciudadanos se han quejado de la violencia presentada en la televisión. Pocas semanas después de ver en «Extorsión» *como el comando terrorista utilizaba una ambulancia, con asaltantes vestidos de médicos, enfermeras y hasta enfermos,* cerca de la Escuela Militar de Cadetes, repitiendo el truco,[a] se atentó contra el Comandante del Ejército, después de que los guerrilleros robaron una ambulancia y repitieron lo que seguramente les «sugirió» la televisión.
> —*adaptado de «Asaltos, cursilerías, licencias y cositas,»* Pluma, 1990

[a]*trick*

Whether you quote directly or summarize an external source, you must provide a full reference—the author, work, publisher, date and place of publication, and page numbers for written sources. Consult a research paper handbook, such as the American Psychological Association (APA) manual or the Modern Language Association (MLA) stylesheet, for guidelines on how to set up different kinds of references in footnotes. Another standard reference guide that you may find useful is *The Chicago Manual of Style*.

Práctica 4.15   Para escribir un resumen

Escriba un resumen de dos o tres oraciones sobre la siguiente leyenda mexicana.

Quetzalcóatl

Quetzalcóatl y Tezcatlipoca

El dios Tezcatlipoca, o Espejo de Humo,[a] era el dios de la discordia y de la hechicería,[b] que precisaba, para su alimento, de sacrificios humanos. Como gran contrario de Quetzalcóatl, decidió destruirle. Para ello, y por no hacer sus efectos el licor de la inmortalidad, dio a beber a Quetzalcóatl una especie de vino hecho de la fermentación de varias plantas. El buen dios Quetzalcóatl acabó completamente borracho.[c] Entonces mandó llamar a su hermana y la amó carnalmente. Quetzalcóatl y su hermana, desde aquel momento, cayeron en la más absoluta molicie[d] y olvidaron toda obligación religiosa.

Tiempo después, y ya consciente de su falta, Quetzalcóatl ordenó que le hicieran un ataúd[e] de piedras y allí se metió durante muchos días y muchas noches para expiar su culpa. Poco después pidió a sus gentes que le llevaran junto al mar. Allí levantó Quetzalcóatl una gran pira funeraria y, luciendo sus brillantes plumas de quetzal[f] y la máscara que representaba a la serpiente, se arrojó a las llamas.[g] Hecho ya cenizas,[h] se desperdigó[i] el cuerpo de Quetzalcóatl como una bandada de pájaros. A la llegada de la noche brilló en los cielos una nueva estrella: era el corazón de Quetzalcóatl.

—*José L. Morena-Ruiz,* Las flores blancas: cuentos y leyendas de México, *1985*

[a]*Smoke* [b]*witchcraft* [c]*drunk* [d]*love of luxury and sensual pleasures* [e]*coffin*
[f]*type of bird* [g]*flames* [h]*ashes* [i]*se... was scattered*

Developing an Argument

In contrast to papers that simply present facts—the results of an experiment, for example—or that describe personal experiences, an argument expresses an opinion and tries to convince the reader of its validity. The thesis of an argument is controversial; it presents an idea that not everyone would agree with—«Los alimentos orgánicos no son más saludables que los alimentos no orgánicos,» «Los programas atléticos universitarios benefician, en vez de explotar, a sus atletas,» and «Las investigaciones en ingeniería genética prometen mejorar nuestra manera de vivir.»

Although the methods of explaining and illustrating an argument are the same as those you would use for any other paper—describing, narrating, quoting, and summarizing—the strongest arguments use an additional device: they address the opposing viewpoint. Because an argument presupposes controversy, you must persuade readers who may disagree with you or who, at the very least, are aware of contrary positions. Your paper will be most convincing if it shows that you are aware of the other opinions and if you explain why they are unconvincing. One of the easiest ways to do this is to describe the opposing viewpoints briefly and then explain how they are inaccurate, incomplete, or otherwise less valid than your viewpoint. The opposing viewpoints are italicized in the following passage.

> *Los defensores del atletismo han creado una colección de mitos para convencer al público de que se puede sustituir el cerebro por los bíceps. Nos dicen que el atletismo produce hombres bien equipados, llenos del espíritu del juego limpio. El atletismo es bueno para la salud de los jugadores; pero también es bueno para la moral de los espectadores. El liderazgo*[a] *en el campo deportivo significa el liderazgo en la vida. El fútbol es puramente un suplemento de los estudios.* Estos mitos tienen cierto aire plausible. Son aceptados por muchos. Pero son mitos. Ya que la tarea principal de las universidades es desarrollar la mente, los jóvenes que están más interesados en los cuerpos que en las mentes no deberían asistir a la universidad.
> —*adaptado de «Gate Receipts and Glory», de Robert M. Hutchins,*
> Saturday Evening Post, *diciembre, 1983*

[a]*leadership*

Práctica 4.16   El punto de vista contrario

Para cada tesis a continuación, escriba dos opiniones que la apoyen y dos que la refuten.

MODELO   **Tesis: Las calificaciones deben ser eliminadas por impedir el proceso de aprender.**

Puntos a favor de la tesis:

- A causa de las calificaciones, muchos alumnos sólo estudian cuando tienen exámenes.
- Con las calificaciones los instructores pierden el tiempo en trabajo administrativo innecesario—horas que se pueden usar para mejorar la enseñanza.

Puntos en contra de la tesis:

- El sistema de las calificaciones debe mantenerse porque motiva a los estudiantes.
- Las calificaciones ayudan a las empresas y a las instituciones de enseñanza porque proporcionan información importante para evaluar a los candidatos a empleados o estudiantes.

1. Un año escolar de doce meses mejoraría el sistema educativo en los EE.UU.
2. La televisión anestesia la mente.
3. El ejercicio diario, o sea, hacer gimnasia o correr, mejora la salud.
4. Todos los norteamericanos deben estudiar un idioma extranjero en la escuela primaria.

Práctica 4.17   Persuasión por medio del diálogo

A. Lea el siguiente diálogo entre dos personas que tienen diferentes puntos de vista. Cada uno trata de persuadir al otro de que acepte su opinión.

Tema: ¿Deben los estudiantes atletas someterse a (*be subjected to*) las mismas normas de admisión en una universidad que los otros estudiantes?

Entrenador Villalobos: No. Muchos estudiantes de condiciones económicas o sociales muy bajas nunca tendrían la oportunidad de asistir a la universidad si no fuera por su capacidad atlética. Un sistema especial de admisiones les da a estos estudiantes la oportunidad de educarse y de seguir desarollándose para lograr hacerse atletas profesionales.

Profesor Vela: Pero estos estudiantes están siendo engañados por la universidad y la sociedad. Ellos no tienen la formación intelectual necesaria para sobrevivir académicamente. Fracasan en las asignaturas y dejan de asistir a la universidad o se les da buenas calificaciones que no merecen pero que les permite graduarse. De cualquier manera, ellos no aprenden nada.

Entrenador Villalobos: Pero para los atletas universitarios, la carrera universitaria podría ofrecerles un camino hacia una profesión lucrativa, pues en otros casos sólo conseguirían trabajos que serían poco interesantes y mal pagados.

Profesor Vela: Pocos atletas universitarios llegan a ser atletas profesionales. Muchos de ellos simplemente pierden cuatro años de su vida en la universidad.

Entrenador Villalobos: Pero todos los estudiantes que aspiran a cualquier profesión se arriesgan y no todos tienen éxito. Estos atletas merecen la oportunidad de afrontar ese riesgo, si así lo quieren.

Profesor Vela: Las universidades deben ser instituciones para aprender, no un campo de preparación para deportes profesionales.

Entrenador Villalobos: Pero las universidades se benefician económicamente de sus equipos de fútbol y baloncesto. La enorme cantidad de dinero que estos equipos producen, se puede destinar a usos educativos.

Profesor Vela: El mundo de los deportes universitarios ha dado origen al fraude; el deporte universitario está lleno de prácticas inmorales.

B. Elija uno de los temas a continuación. Siguiendo el ejemplo de la parte A, escriba un diálogo de dos páginas entre dos personas que tengan diferentes puntos de vista. Prepare su diálogo en forma de guión (*script*). Dé un nombre a cada interlocutor y deje que cada uno explique su postura frente al tema. Cada interlocutor tiene que responder a las opiniones del otro.

1. ¿Es verdad que la meta de los estudios universitarios es preparar a los estudiantes para conseguir buenos trabajos?
2. ¿Es la pena capital (*capital punishment*) «un castigo cruel y fuera de lo común» y por lo tanto inconstitucional?
3. ¿Es la energía nuclear la mejor alternativa para el uso del carbón y del petróleo?
4. ¿Viola nuestras normas democráticas la censura de libros?
5. ¿Son justificables los experimentos científicos con animales?
6. ¿Somos responsables por la gente desamparada que vive en la calle porque no tiene trabajo ni casa?

C. Divídanse en grupos de cuatro a seis personas. Cada grupo debe hablar sobre uno de los temas de la parte B, presentando diversos puntos de vista. Luego cada grupo debe dividirse en dos y tratar de persuadir al otro grupo de que acepte su punto de vista sobre el tema.

Al usar la computadora

Práctica 4.18   Discutiendo un asunto controvertible

1. Cada grupo debe escoger una de las preguntas presentadas en la parte B de la Práctica 4.17. Luego, cada grupo debe dividirse en dos equipos. Los equipos deben sentarse cerca de la computadora y planean su defensa para apoyar el punto de vista de su equipo. Escojan a un compañero (una compañera) para que escriba las ideas del grupo en la computadora.
2. Ahora intercambien computadoras con el otro equipo del grupo, para que cada equipo pueda leer la defensa del equipo contrario.
3. Usando la función *insert*, escriban en *letras mayúsculas* su refutación a cada argumento del otro equipo. Mientras tanto el otro equipo hace la misma tarea.
4. Saquen una versión escrita de su impresor de todos los argumentos de su defensa y las refutaciones. Intercámbienlos con *otro grupo* que esté trabajando en otro asunto diferente.
5. Lean los argumentos del otro grupo y decidan qué equipo se ha defendido mejor, mientras el otro grupo hace lo mismo.

Composición B
El retrato

I. Antes de escribir

Actividad A   Imitación

Lea la siguiente descripción de la novela *Pequeño teatro*, escrita por la española Ana María Matute en 1954. Es la descripción de un hombre misterioso que llegó al pueblo de Oiquixa, para llevar carbón a Kepa Devar, otro personaje en la novela. Observe el lenguaje en la descripción y los movimientos del personaje. En esta novela, los personajes son títeres (*puppets*) y de allí el título *Pequeño teatro*.

Cierto día llegó un hombre rubio que despertó viva curiosidad entre los habitantes de Oiquixa. Aunque, para esto, cierto es que nunca fue necesaria demasiada originalidad.

Aquel hombre arribó en un velero portugués que traía carbón para Kepa Devar. Abrazó al patrón del barco de modo que parecían grandes amigos, habló con él en su idioma, y le pagó con muchos billetes, que estuvo antes contando con gran ostentación. Después se sentó sobre la maleta, sin hablar con nadie, ni dirigirse a ninguna parte, y se puso a mirar el mar con sus ojos verdes y relucientes. Era un hombre delgado y muy alto. Vestía un traje claro, manchado de hollín[a] y demasiado grande. Tenía anchos pómulos[b] gatunos[c] y el cabello lacio,[d] con un brillo casi blanco.

[a]*soot* [b]*cheekbones* [c]*catlike* [d]*straight*

A continuación se presenta la descripción otra vez, pero con algunos espacios en blanco. Reemplace por otras palabras todos los términos que faltan, intentando mantener el mismo ritmo, para crear otro párrafo. Este ejercicio puede resultar algo cómico, si Ud. emplea términos originales.

Cierto día llegó ____[1] que despertó viva curiosidad entre ____.[2] Aunque, para esto, cierto es que nunca fue necesaria demasiada originalidad.

Aquel ____[3] en ____[4] que traía ____.[5] ____[6] de modo que parecían grandes ____,[7] habló con él en su idioma, y le ____[8] con muchos ____,[9] que estuvo antes ____[10] con gran ____.[11] Después se sentó sobre ____,[12] sin hablar con nadie, ni dirigirse a ninguna parte, y se puso a mirar ____[13] con ____.[14] Era ____[15] y ____.[16] Vestía ____,[17] ____[18] y demasiado grande. Tenía ____[19] y el cabello ____,[20] con un brillo casi ____.[21]

Actividad B   Descripción

Lea las listas que siguen y después invente quince frases diferentes que describan a determinadas personas (John Wayne, su tío Pepe, sus amigos, etcétera). Incluya en cada frase la persona, una frase descriptiva y el contexto.

MODELOS:

Mi hermano no llevaba ropa adecuada para el banquete al aire libre.
(*persona*)   (*frase descriptiva*)   (*contexto*)

Mi amigo se mantuvo risueño (*smiling*) durante toda la película.
(*persona*)   (*frase descriptiva*)   (*contexto*)

Palabras descriptivas

alegre	impetuoso	perfumado
amplio	impráctico	personal
atlético	lindo	persuasivo
atractivo	magnético	perturbador
bello	majestuoso	práctico
cómico	malicioso	preocupado
cruel	maligno	preparado
delicado	malintencionado	puro
divertido	maloliente[a]	redondo
eficiente	nervioso	sincero
emotivo	neutro	singular
entusiasmado	odioso	superficial
extraño	original	sustancial
fino	paciente	tacaño[b]
frívolo	pálido	taciturno
fuerte	parecido	tonto
hermoso	perdonable	vanaglorioso[c]
igual	perfecto	vanidoso

[a]*smelly* [b]*stingy* [c]*arrogant*

Otras palabras útiles

el aire	la forma de andar	la nariz
las arrugas[a]	la forma de sentarse	los ojos
los brazos	la forma de vestirse	las orejas
la cabeza	los gestos	el pelo
la cadera	el habla	el perfil[d]
la cara	los hombros	las pestañas[e]
las cejas[b]	la idiosincrasia	las piernas
los dedos	los labios	los pies
los dientes	las manos	la risa
la espalda	las mejillas[c]	las rodillas
la expresión	los movimientos	la ropa

[a]*wrinkles* [b]*eye brows* [c]*cheeks* [d]*profile* [e]*eyelashes*

Tres jóvenes
mujeres cubanas

Actividad C   Descripción: Mi profesor(a)

1. Escriba quince palabras o frases que describan a un profesor (una profesora).
2. Después escoja una de esas palabras o frases y escriba una oración completa.
3. Cierre los ojos. Imagine a su profesor(a) en una situación específica (por ejemplo, en la sala de clase). Imagine lo que hace, sus expresiones, su voz, su forma de tratar con los alumnos, su ropa, etcétera.
4. Abra los ojos. Describa a esta persona en un párrafo. Incluya detalles sobre sus gestos, su forma de vestir, su postura, su cara, el tono de su voz, etcétera.

Actividad D   Otras descripciones

1. Lea el siguiente retrato de Nieves Herrero que apareció en la revista española *Blanco y Negro*.

Declaraciones íntimas

NIEVES HERRERO

— Rasgo principal de mi carácter *"SER BUENA GENTE"*

— Cualidad que prefiero en el hombre *LA INTELIGENCIA, LA TERNURA*

— Cualidad que prefiero en la mujer

— Mi principal defecto *ENFADARME A DESTIEMPO*

— Ocupación que prefiero en mis ratos libres *ESTAR CON MI HIJA*

— Mi sueño dorado *DESCANSAR JUNTO AL MAR CON LOS MIOS*

— Para estar en forma necesito dormir *6 HORAS*

— Mis escritores favoritos *UNAMUNO, EDUARDO MENDOZA, Monserrat Roig, ECO CELA, GALA, PATRICIA HIGSMITH, Rosa Montero, VARGAS LLOSA*

— Mis pintores favoritos *PICASSO, MONET, GOYA, VAN GOGH, MATISSE, Cristobal Toral*

— Mis músicos favoritos *Beethoven, BEATLES, CANTAUTORES ESPAÑOLES EN GENERAL*

— Mi deporte favorito *KARATE y LA NATACION*

— Mis políticos favoritos *TODOS LOS QUE NO ESTAN CORROMPIDOS*

— Héroes novelescos que más admiro *ROBIN HOOD*

— Hecho histórico que prefiero *EL NACIMIENTO DE JESUCRISTO, LA REVOLUCION FRANCESA, LA LLEGADA DEL HOMBRE A LA LUNA*

— Comida y bebida que prefiero *ANGULAS y AGUA*

— Lo que más detesto *LAS MENTIRAS y LA INJUSTICIA*

— Reforma que creo más necesaria *LA EDUCATIVA*

— ¿Cómo quisiera morirme? *DE NINGUNA FORMA (NO ME QUIERO MORIR)*

— Estado actual de mi espíritu *OPTIMISTA*

— Faltas que me inspiran más indulgencia *TODAS, MENOS LAS PROVOCADAS POR LA ENVIDIA.*

Nació en Madrid el 23 de marzo de 1957. Inició su carrera periodística en la Hoja del Lunes a finales de la década de los setenta. Después de trabajar durante unos años en la emisora de radio Antena3, saltó al ente público de la mano de Jesús Hermida con el programa matinal *Por la mañana*, y el de sobremesa *La tertulia*. En la actualidad presenta y dirige el espacio televisivo de *Tú a Tú* que se emite en A3-TV

2. Llene el siguiente cuestionario para describirse a sí mismo/a.

Declaraciones íntimas

Nombre: _____

- Rasgo principal de mi carácter _____
- Cualidad que prefiero en el hombre _____
- Cualidad que prefiero en la mujer _____
- Mi principal defecto _____
- Ocupación que prefiero en mis ratos libres _____
- Mi sueño dorado _____
- Para estar en forma necesito dormir _____
- Mis escritores favoritos _____
- Mis pintores favoritos _____
- Mis músicos favoritos _____
- Mi deporte favorito _____
- Mis políticos favoritos _____
- Héroes novelescos que más admiro _____
- Hecho histórico que prefiero _____
- Comida y bebida que prefiero _____
- Lo que más detesto _____
- Reforma que creo más necesaria _____
- ¿Cómo quisiera morirme? _____
- Estado actual de mi espíritu _____
- Faltas que me inspiran más indulgencia _____

---

3. Lea el cuestionario de un compañero (una compañera) de clase. Él/Ella debe leer el cuestionario de Ud.
4. Explíquele a su compañero/a el porqué de las preferencias que Ud. indicó en el cuestionario. Su compañero/a debe explicarle a Ud. el porqué de las respuestas de él/ella.
5. Escoja la respuesta más interesante de su compañero/a y dígasela a la clase.
6. En un párrafo describa a su compañero/a de clase.

Actividad E   Dibujo y escritura libre

Lea las siguientes descripciones y después dibuje a las personas descritas rápidamente, valiéndose de la siguiente información y de su imaginación. ¡No importa que Ud. no sepa dibujar! En cada ejemplo la oración temática está en bastardilla.

1. *El señor Román es sumamente flaco, una verdadera ruina física.* Tiene el cabello gris y todo el aspecto de un viejo aunque apenas llega a los cuarenta años. Las manos son grandes y le tiemblan continuamente. Tiene las pupilas apagadas y la boca deformada.

2. La profesora tenía las piernas largas y usaba casi siempre medias negras; tenía aspecto inteligente, pelo corto, ojos oscuros y melancólicos. *Era difícil imaginarla de joven aunque llevaba ropa juvenil.* El contraste entre las medias negras y la ropa alegre era curioso.

3. La señorita Colmo llega a clase vestida a la norteamericana con una mochila llena de libros. Lleva una falda vaquera azul y una camisa de popelín también azul. Esta sobriedad básica de su ropa contrasta con los accesorios en rojo que lleva. Parece tímida y serena cuando nos mira con sus grandes ojos azules. *A pesar de su aire joven y tímido, cuando enseña historia lo hace con gran seguridad y aplomo.*

Al terminar su dibujo, escoja *uno* de los ejemplos y escriba la descripción desde otro punto de vista; por ejemplo, cómo sería el retrato del señor Román desde la perspectiva de la señora Román, su esposa fiel.

II. *Composición*

Ud. tiene dos compañeros que quieren ser elegidos a la presidencia del gobierno estudiantil de su universidad. Escriba argumentos apoyando al candidato mejor preparado que incluya un retrato detallado de los dos candidatos. Lo que Ud. escriba puede ser ficticio o real o puede ser parte realidad y parte ficción.

Primero, escriba una tesis que constituya la idea principal para la defensa, incorporando aspectos del retrato que hizo de cada persona. Después escriba un ensayo sobre ambos candidatos que encaje con la tesis.

Puntos a considerar:

- Mencione detalles específicos.
- ¿Cómo se compara X persona con otras personas que Ud. conoce?
- Si es apropiado, cite palabras de ambos candidatos y póngalas entre comillas (« »).
- Narre Ud. una anécdota divertida relacionada con estas personas.
- Entreviste a los dos candidatos o hable con alguien que los conozca bien.
- Mencione las impresiones generales que Ud. tiene de los dos candidatos, así como los detalles que apoyan esas generalizaciones.

III. *Revisión: Guía para revisar la redacción*

Use la siguiente guía para revisar los ensayos de sus compañeros. Haga sus comentarios en una hoja aparte. Después devuélvale esta hoja al autor (a la autora) del ensayo.

Primer borrador

1. Copie la tesis en su hoja. ¿Es demasiado general? Escriba una revisión posible.
2. Marque los mejores detalles con un asterisco en el mismo ensayo.
3. Escoja tres casos de palabras generales y subráyelas en el ensayo. Cópielas en su hoja y sugiera palabras más específicas. Asegúrese de que cada palabra sugerida sea más específica que la anterior.
4. Escoja una frase del ensayo. Copie la frase en su hoja y escriba una revisión dando detalles concretos y empleando imágenes expresivas.
5. Resuma en un párrafo la composición de su compañero/a.

Último borrador

1. Lea el ensayo enfocándose en los numerosos adjetivos. En cada caso deben concordar con el sujeto. Marque con un asterisco los casos en que la concordancia esté equivocada.
2. Lea el ensayo otra vez revisando los usos de **ser** y **estar**. Subraye los casos dudosos. Devuélvale el ensayo a su compañero/a para que consulte a su profesor(a) o su libro de gramática sobre estos casos.

Chapter 5

Organizing

 Selecting Relevant Material

In your early drafts, you may want to write fairly quickly, jotting down all your ideas in Spanish without worrying about organizing or developing them. But once you have assembled a great deal of information and ideas, you will need to read your draft and decide what to keep and how to arrange it. What you use depends on your thesis: Choose the material that most clearly supports your main idea.

One way to begin this process of selecting and organizing is to let your draft sit for a few days (or at least a few hours), so that you can read it with a fresh perspective. As you read, underline each sentence containing a new idea. Then look closely at what you have underlined. Is the sentence clearly connected to the thesis? If not, you should either delete it from the paper or rewrite it to clarify its relationship to the thesis. Does any paragraph contain more than one major idea? If so, you will probably need to move the extra ideas to their own paragraphs and illustrate them separately. For example, each of the italicized sentences in the following paragraph contains a different major idea, giving the paragraph one idea too many.

> *La gente que vive en la ciudad lleva una vida de interdependencia con relación al mundo fuera del centro urbano.* Los ciudadanos urbanos dependen de otros para sus alimentos porque toda la alimentación viene de

fuera. *Frecuentemente la alimentación llega a la ciudad no muy fresca o con aditivos, conservantes o ingredientes artificiales, los cuales no son muy buenos para la salud.* Por otra parte, la gente del campo depende de la ciudad para obtener petróleo, máquinas y mercado para sus productos agrícolas.

The second idea, concerning the low quality of some of the food, does not belong in this paragraph about the interdependence of city and country dwellers. If it is to remain in the paper, the writer will have to create a new paragraph, expanding on this idea.

Práctica 5.1   Seleccionando datos de una versión preliminar

Lea el párrafo siguiente y subraye las ideas principales. Luego, escriba el párrafo de nuevo con sólo *una* idea principal.

La adivinanza[a]—o acertijo— tenía significado misterioso entre los antiguos. Muchas veces eran las palabras de un sabio. Según la Biblia, Sansón,* para demostrar a los filisteos que la fuerza de su ingenio igualaba a la de su brazo, les proponía enigmas.[b] Hasta que dos profesores de un instituto madrileño descubrieron las adivinanzas como un género enriquecedor de la literatura, los académicos de la lengua las despreciaban[c] por populacheras e inútiles. Eran una cosa tonta, sólo para niños y ancianos. Los profesores José Luis Garfer y Concepción Fernández analizaron las adivinanzas como si fueran poemas. Estudiaron su métrica y estructura y descubrieron que muchas adivinanzas eran obras de arte popular de origen anónimo, injustamente despreciadas.

—*adaptado de «Las adivinanzas: ¿género literario?» de Rodolfo Santovenia,* Muchacha, *marzo, 1988*

[a]*riddle* [b]*puzzles* [c]*disdained*

Deciding How Much Material to Use

How much material you use depends on the proposed length of your paper, the complexity of your subject, and how familiar the subject is to your reader. In most cases, it is more effective to explain a few ideas in detail than to raise a great many issues without elaborating on any of them. Thus, in a five-page paper, it is usually better to explain and illustrate two or three ideas thor-

---

* Según la Biblia, Sansón fue un juez israelita cuya famosa fuerza extraordinaria residía en sus cabellos. Su amante filistea Dalila se los cortó mientras él dormía; por eso, Sansón perdió la fuerza y fue capturado por los filisteos.

oughly than to offer eight or ten ideas with few examples or explanation. But, of course, there is no ideal ratio of examples and ideas to page length; you have to consider each paper individually. The following short essay provides sufficient detail for its purpose—an overview of the way fifteenth-century Europeans saw the world beyond Europe.

El mundo según los europeos del siglo XV

Hace 600 años, los viajes eran dificultosos y peligrosos, y en Europa, la mayoría de la gente pasaba toda la vida en el mismo sitio. Por consiguiente,[a] lo poco que se sabía de las tierras lejanas[b] a Europa era una mezcla de realidad y fantasía.

El gran continente de la India parecía más bien un mundo inventado por un escritor de ciencia ficción que un sitio verdadero. Todos decían que era una tierra de riquezas extraordinarias, habitada por seres[c] fantásticos tales como hombres con cabeza de perro con un ojo en la frente, o los sin cabeza con la cara en el pecho, y que había hormigas[d] gigantes que guardaban oro en sus hormigueros.[e] También se decía que en el mar vivían monstruos extraños, y muchos marineros relataron que habían visto a varias sirenas[f] con largos cabellos sobre las olas.[g]

A lo mejor la mayoría de estos relatos extraordinarios eran fantasías y no basados en ninguna experiencia verdadera, pero varios cuentos se fundaron en la realidad. La historia de los hombres con cabeza de perro, por ejemplo, tal vez vino del relato antiguo de una clase de mono[h] que tenía la cabeza muy parecida a la de un perro. Las sirenas encantadas de los relatos de los navegantes sin duda se basaron en un informe fantástico sobre las morsas[i] o un manatí.[j]

Había innumerables historias de esta veta,[k] pero en el siglo XV, la gente instruida dejó de creerlas. Los marineros que exploraron los océanos y los continentes llevaron a la gente no sólo muchos mitos fascinantes sino también información importante sobre el mundo en que vivía.

—adaptado de Los descubridores, *de Neil Grant, 1981*

[a]*Por... Therefore* [b]*faraway* [c]*beings* [d]*ants* [e]*ant hills* [f]*sirens* [g]*waves* [h]*monkey* [i]*walrus* [j]*manatee* [k]*vein*

This paper has two basic ideas: (1) fifteenth-century Europeans had some fantastic beliefs about life in faraway lands and (2) many of these beliefs were grounded in fact. The bulk of the paper explains the reasons for these beliefs and provides examples of them.

Práctica 5.2   Seleccionando la información apropiada

Lea las siguientes oraciones, y de estos datos saque una conclusión sobre los aztecas. Esta conclusión será su tesis. Después, escoja los datos que apoyen la tesis y úselos para escribir un ensayo de aproximadamente 200 palabras. Será necesario que escriba de nuevo las oraciones que siguen, tomando de éstas sólo los datos que formen parte de su ensayo.

1. Los aztecas eran una pequeña tribu de cazadores (*hunters*) y agricultores.
2. Gracias a su habilidad y espíritu guerrero y a su capacidad para aprender de la sabiduría de quienes vivían a su alrededor (*nearby*), se hicieron ricos y poderosos.
3. En menos de 200 años llegaron a dominar un imperio que se extendía de costa a costa de lo que hoy es México.
4. Unos quince millones de indígenas les pagaban tributos.
5. Aunque los españoles quisieron destruir lo que ellos juzgaban (*judged*) una forma de vida sanguinaria y pagana, hemos llegado a enterarnos (*we have come to know about*) del porqué de muchas costumbres de los aztecas insólitas para el ojo europeo.
6. Los campesinos aztecas se alimentaban (*lived on*) principalmente de maíz y frijoles.
7. Los aztecas ricos comían tortugas (*tortoises*) y cangrejos (*crabs*).
8. Los conquistadores se asombraron al saber que el alimento preferido de los aztecas era la carne de perro asada.
9. Los niños pescaban y transportaban cargas para sus padres, mientras las niñas permanecían en casa; aprendían a cocinar, a tejer (*weave*) y a cuidar de la casa.
10. Un niño campesino podía ser recompensado por el rey con el rango de noble si se distinguía en el campo de batalla.
11. Según su religión, los aztecas tenían el deber de ofrecer sacrificios humanos a sus dioses y durante las fiestas del dios de la primavera, les ofrecían la sangre de hombres jóvenes.
12. Durante la festividad más importante—la Ceremonia del Nuevo Fuego—el jefe de los sacerdotes sacrificaba a un joven. Esta festividad se celebraba cada 52 años.
13. Al cumplir los ocho años, llevaban a los niños a la *telpochcalli*, la escuela del clan, para que se convirtieran en guerreros.
14. Los niños practicaban el combate con armas de madera.
15. No había un ejército constituido. Todos se preparaban desde niños para ser guerreros.
16. Por medio de la guerra llegaron a erigir un gran imperio.
17. No luchaban al estilo de los españoles. No mataban a sus enemigos, sino que los sacrificaban al dios de la guerra.
18. Los españoles se aterrorizaron al ver expuestas las cabezas de los soldados y caballos españoles en la plaza principal.
19. En 1519, Hernán Cortés comenzó su campaña contra los aztecas con la ayuda de las tribus dominadas por los aztecas. En 1521, los aztecas fueron derrotados por los españoles.

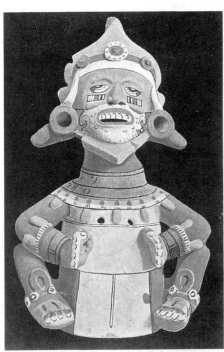

Escultura azteca, el dios Maguil Xochitl

Choosing a Structure for Your Essay

Some writing projects, such as legal briefs, scientific reports, recipes, and résumés, must be constructed according to a predetermined form. Essays, however, can be organized in many different ways—there's no one correct form. Instead, writers choose a structure that best suits their topic. They may set up their essay as a single paragraph or divide it into fifty paragraphs; state the thesis at the beginning or leave it to the end; or, if they're especially skilled, omit the thesis entirely, letting their carefully chosen details make the conclusion inescapable. Whatever the strategy, it is never random; the writer consciously chooses the pattern that best expresses the topic.

As you read published essays in Spanish, you may find patterns of organization that you seldom see in English. Much Hispanic writing is more digressive than its English counterpart; while essays in English usually move directly from evidence to conclusions, Spanish-language essays often include a variety of information, loosely connected to the thesis. Many linguists associate differences in essay structure with cultural differences. Although some structural patterns are more common in one language than another, both the linear structure (in which each element of the essay is directly connected to a stated thesis) and the digressive structure (which includes information not explicitly related to the thesis), are widely used in Hispanic writing. (See Appendix 3 for models of each.) You may want to experiment with different patterns of organization. A linear structure, however, will accommodate almost any kind of writing you do and is especially suited to the writing you do in college. It is also relatively easy to control. This is the procedure.

1. Begin with an introduction that leads directly into your thesis statement.
2. Follow the introductory paragraph with a series of explanatory paragraphs. Each paragraph should illustrate some feature of the thesis in detail.
3. Conclude with a sentence or paragraph that sums up or comments on the material presented in the essay.

The Topic Sentence

A topic sentence states the main point of the paragraph. It has the same function in the paragraph that the thesis statement has in the essay as a whole. Like the thesis, the topic sentence makes your intentions clear to the reader and helps you, the writer, stay on track. Although topic sentences are easiest to use at the beginning of the paragraph, they can also function effectively within or at the end of a paragraph. Note the placement of the topic sentence in each of the following examples. (The topic sentence is italicized.)

[Pancho Villa] nació con características no comunes. Hombre de clara inteligencia, de fuerte personalidad, lleno de astucia[a] y con una consciente visión de la estrechez de su vida, desde joven trató de procurarse[b] nuevos caminos, aunque éstos fueran en un principio los del bandolerismo y la aventura.

—*Luis Garfias M.,* Verdad y leyenda de Pancho Villa: vida y hechos del famoso personaje de la Revolución Mexicana, *1983*

[a]*astuteness*   [b]*secure*

Las gigantescas estatuas de piedra que se alzan[a] en muchas regiones del Perú y Bolivia son uno de los misterios del continente sudamericano. *Muchas teorías han intentado explicar su presencia.* Thor Heyerdahl* sostiene que los constructores de las estatuas eran los habitantes de la isla de Pascua[b] en el océano Pacífico. Según los quechuas,[†] el dios creador Viracocha las hizo como una raza de gigantes que, al rebelarse contra él, quedaron petrificados. Los colla[‡] contaban una historia parecida, pero el dios llevaba el nombre de Kon-tiki Viracocha y según ellos, los hombres de piedra eran prototipos de la humanidad.

—*adaptado de* Guerreros dioses y espíritus de la mitología de América Central y Sudamérica, *de Douglas Gifford, 1984*

[a]*se... stand*   [b]*Easter*

Estatua de Kon-tiki Viracocha, Bolivia

El Senado estadounidense ha añadido al tratado de neutralidad [del Canal de Panamá, 1977–78] un protocolo por el que, en caso de amenaza de las instalaciones del canal, los Estados Unidos pueden ordenar la intervención de sus fuerzas armadas en defensa de esa vía. Están autorizados a hacerlo, por ejemplo, cuando una potencia enemiga intente presionar a los Estados Unidos cerrando el canal. El derecho de intervención y la neutralidad del Canal valen «para siempre». *Los críticos del tratado ven aquí una amenaza a la soberanía de Panamá, ya que sólo los Estados Unidos tienen el derecho de decidir cuándo existe ese peligro.*

—*adaptado de Peter Waldmann y Ulrich Zelinsky,* América Latina: Síntesis histórica, política, económica y cultural, *1984*

---

* Thor Heyerdahl (n. 1914) es un antropólogo, explorador y escritor noruego que estudia los incas y otras civilizaciones antiguas.
† Los quechuas son una tribu de indios, descendientes de los incas, que viven en el Perú y Bolivia.
‡ Los colla fueron una tribu de indios conquistados por los incas.

Práctica 5.3 Señalando la oración temática

En una fábula—un cuento con una moraleja—la idea principal (la moraleja) está al final. Indique la idea principal de las siguientes fábulas, escogiendo de la lista de moralejas a continuación la más apropiada a cada fábula.

Fábulas

1. Una zorra[a] quería comerse las uvas[b] que colgaban de una parra.[c] Por mucho que saltó no pudo alcanzarlas.[d] —Bueno—dijo la zorra—, que se las coman otros. Seguramente están verdes y agrias.

2. Un burro encontró una piel de león y se la puso. Corrió por los campos y asustó a todos los rebaños[e] y manadas.[f] Se topó[g] con su amo y a su vez intentó espantarlo. Pero el hombre vio las grandes orejas que sobresalían de la piel de león. Sujetó al burro y le dio de garrotazos.[h]

3. Durante el invierno un aldeano[i] halló una víbora[j] medio muerta de frío. Compadecido, la llevó a su casa y la puso junto a la chimenea. El calor la revivió. La víbora empezó a silbar[k] y amenazó[l] con morder[ll] a los niños. Al escuchar los gritos de sus hijos, el aldeano entró en la casa y le preguntó a la víbora: —¿Así pagas a quienes tratan de salvarte?— y le dio muerte.

4. Una gallina[m] que buscaba comida encontró una piedra preciosa y dijo: —A la gente le encantaría tenerla; pero, a todas las joyas del mundo, yo preferiría unos cuantos granos de cebada[n] que pudiera comerme.

5. Una anciana vio tirado en el suelo un tonel[ñ] al que acababan de sacarle el vino. Lo olió durante largo rato porque el barril aún conservaba un aroma agradable. Luego exclamó: —¡Qué olor tan delicioso! Si el tonel huele tan bien debe de haber contenido un vino excelente.

[a]*fox* [b]*grapes* [c]*grapevine* [d]*reach them* [e]*flocks* [f]*herds* [g]*Se... He ran into* [h]*blows with a stick*
[i]*villager* [j]*viper* [k]*hiss* [l]*threatened* [ll]*to bite* [m]*hen* [n]*barley* [ñ]*barrel*

Ideas principales (moralejas)

a. El mayor tesoro no vale nada si no tienes en qué emplearlo.
b. La gente finge desdeñar (*disdain*) lo que no puede conseguir.
c. Nuestras buenas acciones dejan gratos recuerdos.
d. Quien no agradece favores no es digno de recibirlos.
e. De nada sirve pretender ser lo que no somos.
        —*adaptado de* Fábulas de Esopo, *de José Emilio Pacheco, 1982*

Práctica 5.4 Empleando la oración temática

Escriba en una oración la idea principal de los siguientes párrafos.

MODELO:

Albéniz* dio su primer concierto, preparado por su hermana Clementina, a los cuatro años de edad. A los seis, su madre le condujo a París en donde

---

* Isaac Albéniz (1860–1909) fue un pianista y compositor español.

el maestro Marmontel se encargó[a] por algunos meses de la educación musical de los niños. Durante esta estancia en París, se cuenta del pequeño Albéniz la siguiente travesura:[b] tras de brillantes ejercicios en los exámenes de ingreso[c] en el Conservatorio de París se le ocurrió al niño tirar una bala[d] contra un cristal, rompiéndolo, lo que motivó que el tribunal castigase[e] la diablura del muchacho aplazando[f] su admisión hasta dos años después.
— *adaptado de* Músicos célebres, *de M. Davalillo, 1936*

Oración temática: Isaac Albéniz era joven cuando se manifestó su talento musical.

[a]*se... took on*   [b]*prank*   [c]*entrance*   [d]*bullet*   [e]*to punish*   [f]*postponing*

1. A principios de 1985, el director de cine chileno Miguel Littín—que figura en una lista de cinco mil exiliados con prohibición absoluta de volver a su tierra—estuvo en Chile por artes clandestinas durante seis semanas y filmó más de siete mil metros de película sobre la realidad de su país después de doce años de dictadura militar. Con la cara cambiada, con un estilo distinto de vestir y de hablar, con documentos falsos y con la ayuda y la protección de las organizaciones democráticas que actúan en la clandestinidad, Littín dirigió a lo largo y lo hondo[a] del territorio nacional—inclusive dentro del Palacio de la Moneda[b]—tres equipos europeos de cine que habían entrado al mismo tiempo que él con diversas coberturas[c] legales, y a otros seis equipos juveniles de la resistencia interna.
— *Gabriel García Márquez,** La aventura de Miguel Littín clandestino en Chile, *1986*

[a]*a lo... far and wide*   [b]*Mint*   [c]*covers*

2. En el cuento de Washington Irving, Rip van Winkle salió un día a cazar en los montes Catskill y se encontró con unos extraños hombrecitos. Rip tomó unos tragos[a] con los hombrecitos y cayó dormido. Fue a despertar veinte años más tarde. Regresó a su pueblo, donde no reconoció a nadie ni nadie lo reconoció a él. La mitología griega aclara que Epiménides, un pastor de la isla de Creta, andaba a la busca de una cabra extraviada.[b] Fatigado por la larga caminata se tendió a descansar en el interior de una gruta[c] y terminó durmiéndose. Despertó cincuenta y siete años más tarde sin darse cuenta del tiempo transcurrido, y siguió buscando a la maldita cabra.
— *adaptado de* El templo de Quetzalcóatl, *de Tomás Doreste, 1982*

[a]*drinks*   [b]*cabra... lost goat*   [c]*cavern*

---

* Gabriel García Márquez (n. 1928), gran novelista latinoamericano, ganó el Premio Nóbel de Literatura en 1982 por su novela *Cien años de soledad.*

3. La Real Academia de la Lengua Española ha incorporado vocablos de las culturas indígenas de Latinoamérica. El español ha recibido, entre muchos otros, los siguientes vocablos: **patata, maíz, iguana, papaya** y **tabaco** de la familia lingüística arahuaca;* **tomate, cacao, tamal** y **coyote** del náhuatl, la lengua de los aztecas; **llama, alpaca, cóndor, puma** y **pampa** del quechua, la lengua de los incas.

Al usar la computadora

Práctica 5.5   La organización de su ensayo

Cuando Ud. haya completado un borrador de su ensayo, déjelo por uno o dos días. Durante este tiempo, no lo lea. Después vaya a su computadora y siga este procedimiento.

1. Inserte dos retrocesos (*returns*) para crear un espacio al final del ensayo.
2. Vuelva al principio de su composición y léala párrafo por párrafo. Subraye la idea principal de cada párrafo.
3. Si Ud. no puede encontrar una frase para subrayar, escriba una frase que contenga la idea principal del párrafo y subráyela.
4. Copie cada oración subrayada y muévalas al final de su ensayo, en el espacio que hizo al principio. Mantenga la secuencia de las frases.
5. Con estas frases, Ud. debe tener un bosquejo (*outline*) de su composición. ¿Pertenecen todas estas frases a esta composición? ¿Está Ud. satisfecho/a con la secuencia de ideas?

Composing the Opening Paragraph

Although it can be quite effective to begin a paper directly with your thesis sentence — especially if your paper is short — an introductory sentence or paragraph usually creates a more graceful beginning. The introduction can be a single sentence or a full paragraph, but it should, as its name suggests, *introduce* your thesis — that is, it should prepare the reader for the idea you are about to present. Although you may have been taught to begin with a general

---

* Durante el período precolombino (antes de llegar Cristóbal Colón a América), los arahuacos eran una tribu indígena de Latinoamérica.

statement, *very* general openings are boring and usually cliché-ridden. It is far more informative and interesting to write something concrete about your subject. Compare these opening sentences.

> **Muy general:** En nuestra sociedad es difícil vivir sin saber leer.
>
> **Más expresiva:** El niño con dislexia sufre si no recibe instrucción especial en la escuela.

> **Muy general:** Las culturas indígenas de Latinoamérica son antiguas.
>
> **Más expresiva:** Antes de Colón, Cortés y Pizarro, antes de Moctezuma y Atahualpa, antes de españoles, aztecas e incas, la América tenía ciudades, templos, palacios, pirámides y civilización.*
>
> —*Ricardo R. Sardiña*, Breve historia de Hispanoamérica, *1982*

Here are some strategies for effective opening sentences.

1. Say what your subject isn't.

> *Si la fiesta de toros fuese simplemente una reminiscencia de los torneos paganos cuyos valores no sobrepasan los de la valentía*[a] *y el miedo, hubiera desaparecido sin dejar prácticamente huella*[b] *en la historia.* Por el contrario, la estructura de las corridas de toros, su función estética y emotiva, el desarrollo de una fachada técnica del toreo de cuya precisión depende la vida de un ser humano; la importancia que el toreo ha tenido en la vida cotidiana[c] de los pueblos ibéricos confirman que, detrás de una farsa primitiva y sangrienta, el toreo esconde valores estéticos y emotivos que tocan las fibras de la conducta humana.
>
> —*adaptado de «Geometría de la muerte», de Alberto Sarmiento,* Américas, *noviembre/diciembre, 1988*

[a]*bravery* [b]*trace* [c]*daily*

2. Provide background information on your subject.

> *Octavio Paz*[†] *ha sido diplomático, crítico, maestro, editor, y, sobre todo, ha sido y sigue siendo un gran poeta.* Esta colección de poemas de su madurez en un solo volumen será de mucho agrado a sus lectores...
>
> —*David Lyon, «Una gran voz en los idiomas»,* Américas, *noviembre/diciembre, 1988*

---

* Cristóbal Colón (1451–1506) fue un navegante italiano al servicio de España; Hernán Cortés (1485–1547), español, fue el conquistador de los aztecas; Francisco Pizarro (1475–1541), español, fue el conquistador de los incas; Moctezuma II (1466–1520) fue el último emperador de los aztecas; Atahualpa (1500–1533) fue el último emperador de los incas.

† Octavio Paz (n. 1914), gran escritor y poeta mexicano. Además de poesías, es autor de ensayos, especialmente sobre el carácter mexicano.

3. Tell a brief story.

> *A los diecisiete años Juan Felipe Rameau* se enamoró apasionadamente de una joven viuda,*[a] *y como estos amores no fueron del agrado de la familia, le enviaron a Italia para que el estudio de la música le distrajera*[b] *de su prematuro enamoramiento. De esta manera comenzó la carrera del célebre compositor francés y teórico de la música.*
> —*adaptado de* Músicos célebres, *de M. Davalillo, 1936*

[a]*widow* [b]*distract*

4. Use a quotation.

En el prólogo a *El negro del Narciso,* Joseph Conrad escribe lo siguiente:

> *La sabiduría mutante de las sucesivas generaciones desecha*[a] *ideas, cuestiona hechos y destruye teorías. Pero el artista hace un llamado a esa parte de nuestro ser que no depende del conocimiento... Habla a nuestra capacidad de deleite*[b] *y asombro,*[c] *al sentido de misterio que rodea nuestras vidas; a nuestro sentido de piedad, de belleza y de dolor; al sentido latente de hermandad con la creación entera.*

Estas palabras regresaron a mí mientras admiraba la colección de fotografías de mi amigo Víctor Flores Olea.
> —*Carlos Fuentes,*[†] «*Lo visible y lo invisible en la fotografía de Víctor Flores Olea*», Américas, *noviembre/diciembre, 1988*

[a]*throws out* [b]*delight* [c]*wonder*

5. Cite an arresting statistic, fact, or opinion.

> *Hay quienes dicen que el tono suave de la Bossa Nova fue producto de la necesidad. La historia cuenta que los encuentros musicales tenían lugar durante la noche en los departamentos cercanos a la playa en Río y se prolongaban hasta el alba,*[a] *obligando a los intérpretes a bajar la voz para no importunar a los vecinos. En todo caso, lo que nadie sabe es que este estilo de música registra diversas facetas evolutivas.*
> —*Aloysio de Oliveira, «Bossa Nova: su historia, sus nombres»,*
> Américas, *noviembre/diciembre, 1988*

[a]*dawn*

---

* Jean-Philippe Rameau (1683–1764) compuso un gran número de obras musicales. En 1745 Luis XV, rey de Francia, lo nombró maestro de cámara (*personal composer*).
† Carlos Fuentes (n. 1928), novelista mexicano, es autor de *La muerte de Artemio Cruz, Terra Nostra* y *El gringo viejo,* entre otras novelas.

6. Define a term (but don't quote the dictionary).

> *Los rastafaris—la secta mesiánica que se remite a las ideas de Marcus*
> *Garvey*—reiteran la visión de África como tierra de promisión.* En Jamaica
> y en el extranjero esta secta ha obtenido un reconocimiento general
> tanto por sus manifestaciones pictóricas como por su forma musical, el
> *reggae.*
> —*adaptado de «Las artes plásticas en Cuba y el resto del Caribe»,*
> *de Adelaida de Juan,* Arte moderno en América Latina, *1985*

 Ending Your Paper

When your readers get to the end of your paper, they should feel a sense of
completion. Rather than preface your final remarks with **en conclusión**—an
unnecessary addition—provide information that pulls together the main ideas
of your essay. It's a good idea to restate your thesis in new terms (but don't
simply duplicate the thesis statement you wrote in the introduction).

> Así terminó la increíble historia del general Francisco Villa, que de vul-
> gar delincuente, logró mandar los ejércitos más numerosos y potentes
> que se levantaron en la Revolución Mexicana.
> —*Luis Garfias M.,* Verdad y leyenda de Pancho Villa: vida y hechos
> del famoso personaje de la Revolución Mexicana, *1983*

Another strategy is to refer to information you used in the introduction—
complete a story you told, answer a question you raised, match a quotation
with a similar or contrasting one, or elaborate on an explanation of a term you
defined. For example, a paper on the Viking invasions of Europe that begins
like this

> En el año 793 un grupo de vikingos irrumpió[a] inesperadamente en la
> pequeña isla de Lindisfarne, situada al nordeste de Inglaterra...

might end with a reference to its opening

> En 1066, el rey vikingo Haroldo atacó a Inglaterra. Aunque era muy va-
> liente y feroz, las cosas empezaron pronto a ir mal para los noruegos,[b]
> y finalmente, Haroldo fue muerto y su ejército aniquilado. La época que
> comenzó con la incursión en Lindisfarne terminó para siempre.

[a]*invaded*   [b]*Norwegians*

---

* Marcus Garvey (1887–1940) fue un negro de Jamaica que abogó por la separación de las razas y
la emigración de los negros norteamericanos a África.

The conclusion is also a good place to expand on your subject by mentioning some of its implications. But be sure not to choose an implication that in itself requires pages of explanation. The following two examples use this technique effectively. Both begin with a brief summary of their thesis and conclude by connecting the subject to something just outside (but not too far outside) the scope of their paper. After describing Miguel Littín's dangerous trip to Chile to make a film about life under the military regime there, Gabriel García Márquez ends with a commentary on the significance of Littín's act.

> Por el método de la investigación y el carácter del material, éste es un reportaje. Pero es más: la reconstitución emocional de una aventura cuya finalidad última era sin duda mucho más entrañable[a] y conmovedora[b] que el propósito original y bien logrado de hacer una película burlando los riesgos del poder militar. El propio Littín lo ha dicho: «Este no es el acto más heroico de mi vida, sino el más digno.» Así es, y creo que esa es su grandeza.
>
> —*Gabriel García Márquez,* La aventura de Miguel Littín clandestino en Chile, *1986*

[a]*intimate* [b]*moving*

In the following passage, Tomás Doreste ends his discussion of the mysterious power of pyramids with a contrast—the purely decorative architectural form that replaced the pyramids.

> Y en lo que respecta a las construcciones, una vez que se abandonaron las gigantescas pirámides dueñas de virtudes mágicas tan poderosas, que no se sabía exactamente en qué consistían ni qué misterioso poder las provocaba, hicieron otra cosa los arquitectos. Se les ocurrió aconsejar a los faraones[a] construir pirámides de un estilo muy diferente, más estilizadas, incluso más elegantes. Fueron los obeliscos, que aparecieron a partir de entonces acompañando a las tumbas y en los templos, que eran versiones alargadas, de base muy reducida, de las pirámides tradicionales.
>
> Pero, al parecer, jamás sirvieron para nada, como no fuese de adorno.
> —*adaptado de Tomás Doreste,* El templo de Quetzalcóatl, *1982*

[a]*pharaohs*

If you are writing a short paper (around five pages), you may not need a separate concluding paragraph at all. A sentence or two in the last paragraph of the body of the paper can wrap up your discussion.

Chapter 6

Style: Clarity and Authenticity

Like the information you include in your paper, your style—the tone and rhythm of your prose —will vary according to the writing occasion, audience, and purpose. You should develop a range of styles to suit different occasions for your Spanish writing—compositions for class, job applications, personal letters, and so forth—but regardless of the specific voice or sentence structure you choose, your language in any style should be precise, your sentences clear, and your Spanish authentic. Aim for a concise, direct style that is true to the conventions of idiomatic Spanish.

 ## Conciseness

Writing is concise when it uses the fewest words necessary to make a point. This does not mean that you should write only short, simple sentences or that you should skimp on detail. It *does* mean that you make every word count. Look at each word in your draft and ask yourself if it contributes something important to the sentence. Is it the most precise word for what you're trying to say? If you can make the same point and create the same effect with fewer words, get rid of the excess; it will only clutter your paper and distract the reader from the words that matter. To prune your writing, try the following strategies. As you look at our examples, keep in mind that no single word or phrase is in itself problematic. You must judge each one in its context.

1. *Remove unnecessary introductions.* Sometimes an introductory expression (**es curioso que, es interesante que, generalmente, es posible que, hoy día, se dice, en mi opinión**), provides necessary information. Other times, it is an empty windup that only delays the point. Look at every sentence opener you use and decide whether or not you need it. Here are some examples.

> **Original:** *Es curioso que* los dientes tengan diferentes funciones en los distintos animales.
> **Revisión:** Los dientes tienen diferentes funciones en los distintos animales.

> **Original:** *En mi opinión,* la gente pobre no podrá mejorar su nivel de vida hasta que se una y tenga poder político.
> **Revisión:** La gente pobre no podrá mejorar su nivel de vida hasta que se una y tenga poder político. (*The reader can assume that your essay states your opinion.*)

> **Original:** *Hoy día,* muchos turistas viajan a Sevilla para visitar la Giralda, el antiguo alminar (*minaret*) de la mezquita (*mosque*) mayor.
> **Revisión:** Muchos turistas viajan a Sevilla para visitar la Giralda, el antiguo alminar de la mezquita mayor.

2. *Remove any redundant words or expressions.* While repetition can be a powerful rhetorical device, *unnecessary* repetition—redundancy—drains the force from your prose. Used effectively, repetition provides emphasis and coherence, as in the following example.

> Le zumbaban[a] sobre la facilidad con que los españoles toman el tratamiento[b] de *Don.** Don es el amo de una casa; Don, cada uno de sus hijos; Don, el que enseña a leer al chico; Don, el mayordomo;[c] Don, el ayuda de cámara.[d]
>
> —*adaptado de* Cartas marruecas, *de José Cadalso,*[†] 1789

[a]*teased* [b]*title* [c]*butler* [d]*ayuda... valet*

When repetition has no rhetorical function, it becomes redundancy.

> **Original:** Me gusta escribir sobre mis recuerdos *del pasado.*
> **Revisión:** Me gusta escribir sobre mis recuerdos.

---

* Se usan los títulos don (*m.*) y doña (*f.*) como tratamiento de respeto a una persona mayor o venerable.
† José Cadalso (1741–1782) fue un escritor español. En *Cartas marruecas,* su obra más estimada, criticó las costumbres de los españoles.

Original: La portada de la Catedral Nueva de Salamanca, España, es de *tamaño grande.*

Revisión: La portada de la Catedral Nueva de Salamanca, España, es *grande.*

Original: La Inquisición española* fue una *tragedia terrible.*

Revisión: La Inquisición española fue una *tragedia.*

3. *Replace circumlocutions with direct expressions.* Circumlocutions are roundabout expressions. Compare the circumlocutions in the first column with the concise alternatives in the second.

durante el transcurso de	durante
era de opinión de	creía/opinaba
a pesar del hecho de que	no obstante
por razón de que	porque
de una manera tranquila	con calma
logró hacer	hizo
en caso de	si
dentro de un plazo de dos meses	en dos meses

4. *Use intensifiers sparingly if at all.* Paradoxically, such terms as **mucho, muy, siempre, por supuesto, evidentemente, precisamente, demasiado, frecuentemente** and **increíblemente** often weaken rather than intensify an assertion.

Original: La vida del trabajador emigrante era *muy* dura.

Revisión: La vida del trabajador emigrante era dura.

Original: Las familias de los trabajadores emigrantes sufrían *mucho.*

Revisión: Las familias de los trabajadores emigrantes sufrían.

5. *Take advantage of diminutive and augmentative endings to qualify your nouns.* These endings are powerful rhetorical tools. Use them sparingly and with attention to the connotations they may add to the root word.

Original: En el cuento, los niños temblaron al acercarse a *la casa grande y fea* de la bruja.

Revisión: En el cuento, los niños temblaron al acercarse al *caserón* de la bruja.

Original: El ambiente *muy acusado* de Andalucía atrajo a los escritores románticos franceses.

Revisión: El *acusadísimo* ambiente de Andalucía atrajo a los escritores románticos franceses.

---

* La Inquisición española fue un tribunal eclesiástico establecido en 1481 para juzgar a las personas acusadas de herejía. Fue responsable de la persecución violenta, especialmente contra los moros y judíos. Fue abolida en el siglo XVIII.

Original: María tiene el rostro alargado, Mimí lo tiene redondo; María es flaca, Mimí es *un poco gorda*.

Revisión: María tiene el rostro alargado, Mimí lo tiene redondo; María es flaca, Mimí es *gordita*.

Práctica 6.1   El uso del aumentativo y del diminutivo

Reemplace las frases en bastardilla en las siguientes oraciones por un sustantivo o adjetivo que termine en **-illo/a, -ecillo/a, -ito/a, -erón (-erona)** o **-ísimo/a.***

1. ¡Cuánto quiero a este *chico joven y lindo*!
2. Por todo el camino vi a los pobres pedir un *pan pequeño*.
3. Viajo por las montañas sobre un *camino muy pequeño y estrecho*.
4. No me gusta mostrar los *dibujos pequeños* que hago mientras tomo apuntes en clase.
5. Un *hombre gigantesco* bloqueó la puerta.
6. Cuando Braulio trató de levantar la *mesa grande y pesada* se puso en una situación *muy difícil*.

Al usar la computadora

Práctica 6.2   Palabras inútiles

1. Guarde un archivo de introducciones inútiles, palabras o frases redundantes, circunlocuciones y adverbios como **mucho** y **muy** que ocurren con frecuencia en sus borradores.

2. Cuando Ud. esté listo/a para repasar, abra el archivo de esas expresiones y, en una ventana aparte, abra el archivo donde está su ensayo. Debe ver en la pantalla tanto la lista de expresiones como su ensayo.

3. Use la función de buscar o encontrar para encontrar esas expresiones en su ensayo.

6. *Use strong verbs.* Verbs convey action; the more powerful the verb, the more vigorous your writing. **Hay, tener, hacer, ser, estar,** and, often, **tomar** are weak constructions because they describe states rather than action. Compare these sentences.

Original: El perro estaba alegre y comenzó a bailar.
Revisión: El perro *bailó* de alegría.

---

* Possible answers to Práctica 6.1:   1. chiquillo, lindísimo   2. panecillo   3. caminito   4. dibujillos   5. hombrón   6. mesona; dificilísima

Furthermore, weak verbs convey little information and thus require additional phrases to create meaning, adding to the bulk of the sentence. By replacing weak verbs and their attendant phrases with a single strong verb, you shorten the sentence and increase its power. (Note: **existir** seldom works as a substitute for **ser** or **estar**.)

Original: Sonia *es infeliz.*
Revisión: Sonia *sufre.*

Original: Los filósofos Thoreau, Marx y Gandhi *tuvieron influencia* en las ideas de Martin Luther King, Jr.
Revisión: Los filósofos Thoreau, Marx y Gandhi *influyeron* en las ideas de Martin Luther King, Jr.

Original: En la década de los 40, los actores Pedro Armendáriz e Isabela Corona *eran populares* entre el público mexicano.
Revisión: En la década de los 40, el público mexicano *adoraba* a los actores Pedro Armendáriz e Isabela Corona.

Original: Por patriotismo, la actriz mexicana Dolores del Río *tomó la decisión de* abandonar Hollywood.
Revisión: Por patriotismo, la actriz mexicana Dolores del Río *decidió* abandonar Hollywood.

Original: *Hay necesidad* de estrenar (*to debut*) nuestra película en París antes de traerla a Madrid.
Revisión: *Necesitamos* estrenar nuestra película en París antes de traerla a Madrid.

Práctica 6.3   Verbos expresivos

Sustituya la frase verbal en bastardilla por un verbo expresivo de la lista.

Verbos:

a. pienso
b. se contradecían
c. luchó
d. pudimos

e. recibió
f. intentó
g. comprendió
h. llegamos

1. José de San Martín *fue combatiente* en las batallas contra los invasores napoleónicos en Sudamérica.
2. Francesca *estaba consciente de* que ya era libre.
3. *Había contradicción entre* sus palabras y su comportamiento.
4. Tuvimos la idea de viajar a La Habana, pero no *era posible*.
5. *Tengo la intención de* escribir mi ensayo sobre la poeta uruguaya Delmira Agustini.
6. En 1964 Martin Luther King, Jr. *fue escogido para recibir* el Premio Nóbel de la Paz.

┌─ ─┌───┬─ ─┐

○ │ *Al usar la computadora* ○

○ │ **Práctica 6.4   Verbos poco expresivos** ○

│ Use la función de buscar o encontrar en su computadora para encon-
│ trar todas las instancias de los siguientes verbos: **ser, estar, tener** y
│ **hacer**. En cada instancia, trate de modificar la oración usando un
○ │ verbo más expresivo. ○

└─ ─└───┴─ ─┘

7. *Unless you have a specific reason for using passive voice, put your verbs in active voice.* All verbs, *regardless of their tense,* are either in active or passive voice. A verb is in active voice when its subject does the acting. It is in passive voice when its subject is acted upon by another agent.

Active voice:

El año 1819 fue un gran año para las artes europeas. En Italia, Gioacchino Rossini **compuso** *La dama del lago;* en Francia, Jean-Louis Géricault **pintó** *La balsa de la medusa;* en Inglaterra, Walter Scott **escribió** *Lucía de Lammermoor;* en Austria, Franz Schubert **compuso** el *Quinteto la trucha;*[a] y en España, Francisco de Goya **terminó** la serie de aguafuertes[b] *Disparates*[c] o *Proverbios.*

[a]*Quinteto... Trout Quintet*   [b]*etchings*   [c]*Nonsense*

Passive voice:

El año 1819 fue un gran año para las artes europeas: En Italia, *La dama del lago* fue compuesta por Gioacchino Rossini; en Francia, *La balsa de la medusa* **fue pintada** por Jean-Louis Géricault; en Inglaterra, *Lucía de Lammermoor* **fue escrita** por Walter Scott; en Austria, el *Quinteto la trucha* **fue compuesta** por Franz Schubert; y en España, la serie de aguafuertes *Disparates* o *Proverbios* **fue terminada** por Francisco de Goya.

Although passive voice is not as common in Spanish as it is in English, in both languages it is almost always a weaker construction than active voice. Because the subject of a verb in passive voice is not performing any action, the sentence can seem static and lifeless. Active voice, as its name tells us, describes action and thus energizes the sentence. Compare the following pairs of sentences.

Active voice: En 1947, unos pastores *descubrieron* los manuscritos del Mar Muerto* dentro de una cueva.

---

* Los manuscritos del Mar Muerto consisten en centenares de textos legales, bíblicos y poesías escritos o copiados antes o durante el siglo I.

> **Passive voice:** En 1947, los manuscritos del Mar Muerto *fueron descu-biertos* dentro de una cueva por unos pastores.

> **Active voice:** Muchos arqueólogos *han examinado* estos manuscritos.
> **Passive voice:** Estos manuscritos *han sido examinados* por muchos arqueólogos.

Be sure not to confuse passive voice (**ser** + past participle) with resultant condition (**estar** + past participle), which tells *how something is* (a state) rather than *what was done to it* (an action).

> **Active voice:** Los arqueólogos creen que una secta religiosa *escribió* los manuscritos.
> **Passive voice:** Los arqueólogos creen que los manuscritos *fueron escritos* por una secta religiosa.
> **Resultant condition:** Los manuscritos del Mar Muerto *están escritos* en hebreo y arameo.[a]

> **Active voice:** En la Edad Media artistas *ilustraron* los manuscritos religiosos.
> **Passive voice:** En la Edad Media los manuscritos religiosos *fueron ilustrados* por artistas.
> **Resultant condition:** Los manuscritos del Mar Muerto no *están ilustrados*.

[a]*Aramaic*

Although active voice is almost always the stronger form, in some cases you may deliberately choose a passive construction.

a. When you want to emphasize your subject's passivity or helplessness:

> En Esparta, si un niño nacía débil y flaco *era abandonado* a morir.

> En 1935, Etiopía *fue ocupada* por Italia.

> Según la costumbre, una esposa *fue elegida* para Gandhi cuando él cumplió los trece años.

b. When you don't know or care who performed the action: In this case, use **se** + verb instead of passive voice. Remember that the verb is in the third person (singular or plural depending on whether the subject is singular or plural).

> *Se oye* la música afro-cubana que *se llama* la Salsa en la radio.

> *Se venden* los discos de la Salsa en aquella tienda.

> ¿Cuál es el origen de la Salsa? ¿Dónde *se escuchó* por primera vez?

8. *Violate all of the preceding guidelines rather than write something forced or strange.* Remember, there are no rigid rules in writing—only choices. And every choice depends on context.

Práctica 6.5   Cambiando la voz pasiva por una construcción activa

Escriba de nuevo las siguientes oraciones pasivas usando la forma activa o **se** + verbo.

> **Original:** La península ibérica nunca fue totalmente conquistada por los romanos, pero bajo su dominio estuvo unida por primera vez.
>
> **Revisión:** Los romanos no conquistaron la península ibérica totalmente, pero bajo su dominio estuvo unida por primera vez.

1. Bajo los romanos muchas ciudades fueron fortificadas y pavimentadas, su estructura fue mejorada y carreteras fueron construidas.
2. Mucha gente fue romanizada, pero la cultura de otras minorías fue dejada intacta.
3. Magníficos monumentos fueron conservados por los romanos: murallas, palacios, circos, teatros, esculturas y mosaicos.
4. El acueducto de Segovia fue construido por los romanos sin usar cemento.
5. Se dice que la península fue transformada por la ocupación romana.

Práctica 6.6   Repasando para hacer un trabajo más conciso

Escriba de nuevo los siguientes párrafos tratando de hacerlos más concisos. Asegúrese de eliminar las frases en bastardilla o reemplácelas con alternativas concisas. Escriba tantas versiones como quiera, pero el trozo debe retener toda la información básica.

> *Durante el transcurso* del año pasado mi amiga Sofía y yo *logramos hacer* un viaje a *ese país muy variado*, España. Antes de *lanzarnos a un gran viaje como éste*, pasamos muchas horas leyendo libros *acerca de* la historia española *a fin de estar muy informadas sobre* el pasado del país.
>
> *Tomamos la decisión* de comenzar desde los principios, con la vida de la época prehistórica. *Es curioso que* los restos[a] más antiguos *se hayan descubierto* primero en Madrid y Soria —la meseta— y más tarde los demás en las regiones a su alrededor —Santander, Barcelona, Valencia, Granada, Gibraltar y Gerona. *A pesar del hecho de que* la lengua de estas civilizaciones *muy* antiguas *no nos es conocida, se dice que* los restos de los seres humanos de la época paleolítica *son abundantes*. *Es interesante que haya* un arte muy desarrollado *que se halla* en las cuevas de Altamira, en Santander, *quiero decir*, las pinturas de las cuevas. El autor de un libro *acerca de* las cuevas *hace una comparación* entre estas pinturas y el arte de la Capilla Sixtina.[b] Ambos *son considerados* perfectos *en su apariencia*.
>
> [a]remains   [b]Capilla... *Sistine Chapel*

Práctica 6.7   Un trabajo más conciso

Escriba de nuevo el siguiente pasaje para que sea más claro y conciso. Elimine introducciones inútiles, la redundancia, circunlocuciones, adjetivos innecesarios y verbos inexpresivos, incluyendo la voz pasiva.

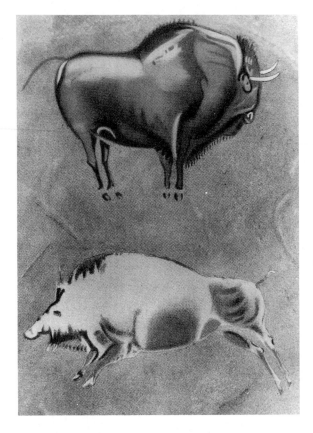

Después de leer acerca de las pinturas rupestres[a] de las cuevas de Altamira deseamos hacer una visita muy pronto. Pero nuestra lectura no estaba terminada y queríamos viajar estando bien informadas. Aprendimos que gente de muchas civilizaciones vivió en España y nos propusimos la tarea de averiguar más. En la época neolítica se ve que los glaciares frígidos desaparecieron y la vida humana se hizo aparente junto a los ríos donde la agricultura fue desarrollada, la cerámica fue inventada y las técnicas metalúrgicas fueron adquiridas. Muchas civilizaciones invadieron la península. Entre éstas estaban los celtas llegados del norte de Europa, la gente del Mediterráneo, los griegos, los fenicios y los cartagineses. Todos tuvieron mucho interés en España. Es necesario comprender que la mayor parte de la gente que llegó a España hacia el año 1000 a.C. vino por metales como el cobre y el estaño. Muchos enterramientos y fortificaciones fueron dejados por estas civilizaciones.

[a]pinturas... *cave paintings*

Cuevas de Altamira, Santander

 Authenticity

In addition to making your Spanish clear and straightforward, you should also strive for authenticity. When you revise, look for syntax that is more English than Spanish, English words dressed up to look Spanish (anglicisms), or figurative expressions translated literally from English.

Although some anglicisms are common in spoken Spanish, for most writing occasions you should stick to standard Spanish. At the same time, don't confuse anglicisms with words that have been adopted from English and have been accepted in the Spanish language, such as the following.

béisbol	garaje	líder	suéter
computadora	hamburguesa	poliéster	tenis
fútbol	jonrón	rosbif	

When in doubt about a word, consult a bilingual dictionary.

Translations of English Idioms

Ideally, you should be putting your thoughts directly into Spanish without going through English at all, since the way to write fluently in Spanish is to practice thinking in that language. But when an idea does come to you in English, inspect the wording carefully before you translate it literally. It may suggest an image that sounds ridiculous in Spanish. If it does, rephrase the sentence in simple, nonfigurative English first, and then write it in Spanish.

Idiomatic English: He began to *get burned out.*
Nonfigurative version: He began to *get tired.*
Spanish translation: El comenzó a *cansarse.*

The sentences below contain metaphoric language that you would need to rephrase before translating.

Japanese auto makers are once again *on the fast track.*

The company will *launch* its new sports model this month.

At the end of the game, we were *running short on* energy but *long on* enthusiasm.

To a fluent Spanish speaker, word-for-word translation of such metaphoric language is at best comical and at times incomprehensible—rather the way Spanish idioms would sound if you translated them word for word into English.

Práctica 6.8   Modismos

Traduzca las siguientes frases, prestando atención especial a las partes en bastardilla que no tienen posibilidad de una traducción literal.

1. The tour was expensive and boring—*a rip-off.*
2. When I was a child, the future appeared bright for *a budding astronaut.*
3. The photographer had a talent for *marrying* realism and surrealism.
4. The company is looking for translators with *an excellent command of Spanish.*
5. The Chinese student rebellion of 1989 at Tiananmen Square *sparked* renewed interest in China; enrollment in Chinese history courses *soared.*

Chapter 7

Style: Voice and Tone

Your writing style is a lot like your style of dress: it expresses something of your personality, your intentions, the occasion, and your relationship with others on that occasion. Just as you might wear jeans to the movies, but a suit to a job interview, so you might confirm your date in a breezy note—

Elena, nos vemos en la taquilla a las siete.

Max

—and your interview appointment in a formal letter.

                    Miami, 4 de marzo de 1992

Muy estimada señora Amarillas:
    Estaré en San Juan la semana del 2 al 9 de
abril, y quisiera reunirme con Ud. el jueves 5
de abril, a las nueve de la mañana, si esto es
posible. En espera de la confirmación de
nuestra entrevista, un saludo cordial,

                    Maximilian R. Berger

The most effective style—in words or dress—is an appropriate one. It should suit your personality, the occasion, and your relationship with others.

Levels of Formality

One way to characterize a style is by its level of formality. At one extreme are brief, casual notes, written quickly, usually to someone you know well. On the other extreme are legal documents—impersonal, weighty, and authoritative.

Between the flippant and ponderous are many different levels of formality—from the most informal writing, addressed to children, your close friends, or readers of popular magazines to the more formal prose of most business communication and academic research.

The following examples are arranged in sequence from the least to the most formal. Notice that the most informal styles speak intimately to the readers by addressing them directly (**"ya nos puede a todos"**[a]) and by using colloquial and conversational idioms (**"dentro de nada se nos echa novia,"**[b] **"es un tipo duro"**), short, simple sentences, and sometimes intentional fragments (**"Sin colorantes ni conservantes"**). The formal styles sound more detached. They rarely address the reader directly, and often use long words, complex sentences, and distancing devices such as passive voice.

[a] *ya... he's ahead of us all* [b] *dentro... he'll have a girlfriend in no time*

HARRY EL SUCIO.

Es un tipo duro. En casa ya nos puede a todos. Y es que desde que le doy las papillas y potitos de Prodial, yo creo que crece por días. Yes natural, porque están hechos con los mejores ingredientes para un bebé. Sin colorantes ni conservantes. A este paso, dentro de nada se nos echa novia.

prodial
ALIMENTOS DE CUIDADO.

The following is from a popular magazine.

Era de cabellera negra y la hicieron pelirroja. Le fabricaron un apellido inglés y una belleza de laboratorio y la lanzaron como un perfume, todo frasco[a] y publicidad. Fue con ella, después de *Sangre y arena* y de *Gilda*, que el término «mujer fatal» volvió a ser un mito del cine.

   Margarita Carmen Cansino... Era casi una gitana. El cabello negro partía brioso,[b] desde la frente baja, y caía sobre sus espaldas, rebelde. Una figura que se esfumó[c] de pronto para dar paso a la [Rita] Hayworth, su traducción al norteamericano.

—*«Rita Hayworth, como un perfume»*, Muchacha, *abril 1988*

[a]*bottle*   [b]*jaunty*   [c]*se... vanished*

The following is from a work of social criticism.

México se caracteriza por la coexistencia de diversas culturas, desde el neolítico hasta la cultura industrial moderna. Si decidimos seguir sin ningún género de dudas, hasta su consumación, el orden de valores del industrialismo que queremos identificar con el progreso, más vale que liquidemos cuanto antes[a] la cultura de cuatro o cinco millones de indios mexicanos. Pero si nuestro propósito, a la luz de la crisis del mundo industrial contemporáneo, es concebir un modelo propio, debemos preocuparnos por la existencia de esas culturas indígenas....

—*Carlos Fuentes,** Tiempo mexicano, *1985*

[a]cuanto... *as soon as possible*

The following is from a legal document.

Nadie puede ser penado por un hecho legalmente descrito si no lo hubiere realizado con dolo,[a] salvo[b] los casos de culpa expresamente previstos por la ley.

   Si la ley señalare[c] pena más grave por una consecuencia especial del hecho, se aplicará sólo al autor o partícipe que hubiere actuado por lo menos culposamente respecto de ella.

—*Código penal tipo para Latinoamérica, 1973*

[a]*deceit*   [b]*except*   [c]*fixes*

Práctica 7.1   La imitación del estilo formal e informal

Escoja dos pasajes—uno formal y otro informal—de los ejemplos anteriores y escriba una imitación estilística de cada uno de ellos. Tenga cuidado de pre-

---

* La biografía de Carlos Fuentes aparece en la página 85.

servar el tono y el nivel de formalidad del original. Para hacer esto, vuelva a escribir el pasaje sobre cualquier tema que le guste; cambie las palabras importantes a medida que escriba, pero retenga el estilo y la estructura del idioma.

MODELO: **Imitación del texto de Carlos Fuentes**

La pobreza se justifica por la coexistencia de diversos factores, desde la sobrepoblación hasta la pereza del género humano.[a] Si decidimos mantener ese criterio, hasta sus últimas consecuencias, la falta de incentivos que pretendemos equiparar[b] con la «naturaleza humana», es mejor que ignoremos a la brevedad posible las demandas de cientos de miles de desamparados.[c] Pero si nuestra meta, bajo la perspectiva de las necesidades del mundo actual, es remediar la situación, debemos comprometernos a capacitar[d] a esos individuos.

[a]*género... human race* [b]*consider equal* [c]*homeless people* [d]*comprometernos... commit ourselves to empowering*

Other Voices

Just as your writing style can be formal or informal, it can also express a wide spectrum of attitudes: authority, anger, encouragement, sarcasm, fear, self-righteousness, joy, playfulness, urgency, and so forth. An attitude, or voice, of a prose style is formed by the author's word choice and sentence length and structure. The voice of a text shapes its message, as you can see in the following passages written on a similar theme.

¡Basta ya de crímenes en la historia de América! Ya es tiempo de que los pueblos de esta parte del mundo demostremos nuestra aptitud para la civilización; de que los mexicanos, especialmente, lejos de matarnos unos a otros como lo hemos hecho con singular predilección desde que se consumó la independencia nacional, sepamos cumplir nuestro destino en la Tierra y en la Historia.
—*Antonio Caso,* «La patria dolorosa», 1923*

Los carcomidos[a] muros de adobe de los jacales[b] en el campo mexicano ostentan,[c] con asombrosa[d] regularidad, anuncios de la Pepsi-Cola. De Quetzalcóatl a Pepsicóatl: al tiempo mítico del indígena se sobrepone el tiempo del calendario occidental, tiempo del progreso, tiempo lineal.
    ¿Por qué conductos llegó a México este nuevo tiempo?
—*Carlos Fuentes, «De Quetzalcóatl a Pepsicóatl»,*
Tiempo mexicano, 1985

[a]*worm-eaten* [b]*huts* [c]*display* [d]*amazing*

---

* Antonio Caso (1883–1946) fue un escritor mexicano.

Notice that while both authors are concerned about the fate of their native countries, the tone of their prose and the message that this tone carries vary considerably. Caso's prose is a call to action, conveyed emotionally through exclamation (¡ !), uppercase letters (**la "Tierra," la "Historia"**), strong language (**"Basta ya de crímenes," "matarnos unos a otros," "se consumó," "nuestro destino"**), and a direct appeal to the reader (**"nuestra aptitud," "demostremos,"** and **"sepamos"**). Fuentes takes the stance of the thinker, carefully investigating Western influence on his culture; rather than urge his readers to take action, he invites them to contemplate a question (**¿Por qué conductos... ?**). While he may feel as strongly about his subject as Caso feels about his, his attitude is slightly detached and ironically humorous (**"Pepsicóatl"**). And just as the style of both writers conveys their attitude, it reveals their point. Caso's language presents the urgency of Mexico's need for change by posing language of destruction (**"crímenes," "matarnos," "se consumó"**) against language of growth (**"aptitud," "civilización," "cumplir"**). In Fuentes, the juxtaposition of worm-eaten walls with Pepsi-Cola ads expresses the superimposition of one culture on the other, as does the word **Pepsicóatl**.

Vocabulary

The larger your Spanish vocabulary, the greater will be your ability to adopt a style and voice suited to your topic. To expand your vocabulary, read as much and as widely as you can in Spanish. In addition to looking up new words in the dictionary, pay attention to their connotations—all the associations they carry along with their literal definition. As you read, notice how the word functions in its context: how the mood and tone in the passage affect what the word means, as well as how the word affects the mood and tone of the passage.

Práctica 7.2   Para aumentar su vocabulario

Cada palabra de las siguientes series tiene un significado parecido al de las otras palabras de su grupo pero con connotaciones diferentes. Escoja dos palabras de cada grupo que tengan asociaciones totalmente distintas y escriba una o dos oraciones con cada palabra. Defina bien el contexto para que la connotación de cada palabra esté clara. Use el Vocabulario que está al final del libro para buscar los términos desconocidos.

MODELO: incomodado / enfadado / enojado / furioso / rabioso →
Yo estaba *enfadado* cuando mi hermano, sin pedirme permiso, usó mi nueva camiseta. Pero cuando me enteré de que él la había usado para lavar el coche, me puse *furioso* y no le hablé por dos semanas.

1. predicar / hablar / rezongar / parlotear / desvariar / pronunciar
2. gritar / chillar / llamar / exclamar / animar / gañir
3. coche / chatarra / carro / cacharro / vehículo / automóvil
4. llamar / maniobrar / convencer / animar / estimar / exhortar
5. caminar / cojear / cargar / pasearse / ambular / vagar
6. emocionado / alborotado / inquieto / entusiasmado / fanático

Práctica 7.3   Connotación

A continuación hay dos pasajes seguidos cada uno por una lista de sinónimos. Vuelva a escribir cada pasaje, reemplazando cada término en bastardilla por un sinónimo de la lista. Después, compare el efecto y el tono de su pasaje con el del original. ¿Son diferentes?

1. El *carruaje arrancó* con todo el ímpetu de las valientes mulas llenando la calle de alegre *cascabeleo*. La *muchedumbre* se abría para dejar paso a las *bestias*, pero muchos *se abalanzaron* al *carruaje* como si quisieran caer bajo sus ruedas.
   —*V. Blasco Ibáñez,** Sangre y arena, *1919*

   carruaje: coche, vehículo, carro, carroza
   arrancar: comenzar a moverse, correr, darse prisa, acelerar
   cascabeleo: ruido metálico, retintín, tintineo
   muchedumbre: gente, multitud, gentío, tropel, público, grupo numeroso de personas
   bestias: animales, mulas, burros, cuadrúpedos
   abalanzarse: lanzarse, echarse, correr, apresurarse, precipitarse

2. Que un *hombre* del suburbio de Buenos Aires, que un *triste compadrito* sin más virtud que la *infatuación* del *coraje, se interne* en los desiertos ecuestres[a] de la frontera del Brasil y llegue a capitán de contrabandistas,[b] parece *de antemano* imposible.
   —*Jorge Luis Borges,*[†] «El muerto», Prosa completa, *1985*

   [a]*equestrian* [b]*smugglers*

   hombre: individuo, tipo, persona
   triste: pobre, desgraciado, insignificante, afligido, desconsolado, melancólico, desesperado
   compadrito: compadre, amigo, conocido, compinche, vecino, compatriota
   infatuación: presunción, orgullo, fatuidad, vanidad, engreimiento
   coraje: agresividad, ímpetu, decisión, espíritu, valor, energía, brío
   internarse: penetrar, entrar, esconderse
   de antemano: anteriormente, ya, con anticipación, previamente

---

* Vicente Blasco Ibáñez (1867–1928) fue un novelista español de la escuela naturalista.
† Jorge Luis Borges (1899–1988) fue un gran escritor argentino que escribió cuentos, poesías y ensayos.

Varying Sentence Structure

Your style depends not just on word choice, but on the rhythm and structure of your sentences as well. As with vocabulary, the more sentence types you can manage, the more control you will have over your style in Spanish. The following strategies will give you considerable stylistic flexibility.

1. *Use free modifiers to combine information from more than one sentence.* A free modifier is a word or phrase that elaborates on the word or phrase immediately before it. The free modifiers are italicized in the following examples.

   Original: Los japoneses practican el arte de los arreglos florales (*flower arrangement*). Este arte se llama «ikebana».

   Revisión: Los japoneses practican el arte de los arreglos florales, «ikebana».

   Original: En Japón, la caligrafía es el dibujo de los caracteres de un texto. Es realizado con la ayuda de un pincel.

   Revisión: En Japón, la caligrafía es el dibujo de los caracteres de un texto, *realizado con la ayuda de un pincel.*

   Original: Pablo Picasso fue más que un pintor con algunas ideas nuevas. Cambió profundamente el futuro del arte del siglo XX.

   Revisión: *Más que un pintor con algunas ideas nuevas,* Pablo Picasso cambió profundamente el futuro del arte del siglo XX.

2. *Combine information using subordinate conjunctions.* Subordinate conjunctions join related pieces of information together and show how they are related. Keep in mind that some of these conjunctions introduce a verb in the subjunctive mood.

   COMMON SUBORDINATE CONJUNCTIONS

a fin de que	como si	en caso de que	porque
antes de que	cuando	hasta que	si
aunque	después de que	mientras	
como	donde	para que	

   Without subordination: Muchas ciudades se han disputado el honor de ser la cuna[a] de Cristóbal Colón. Hoy los historiadores creen que Colón nació en Génova en el año 1451.

   With subordination: *Aunque* muchas ciudades se han disputado el honor de ser la cuna de Cristóbal Colón, hoy los historiadores creen que Colón nació en Génova en el año 1451.

   [a]*birthplace*

Without subordination:	Colón quería que su proyecto fuera aceptado. Esperó muchos años.
With subordination:	Durante muchos años, Colón esperó *hasta que* su proyecto fue aceptado.
Without subordination:	A Colón no le gustó nunca la nave *Santa María*. Esta nave era lenta y difícil de maniobrar.[a]
With subordination:	A Colón no le gustó nunca la nave *Santa María porque* era lenta y difícil de maniobrar.
Without subordination:	A bordo de las naves había una severa disciplina. La disciplina permitió que el viaje marchara bien.
With subordination:	A bordo de las naves había una severa disciplina *a fin de que* el viaje marchara bien.

[a]*handle*

3. *Combine information from several sentences into one by using* **que** *and* **quien.**

Original: El dios maya Chac, dios principal de la lluvia, estaba representado por un viejo. Este viejo lloraba constantemente.

Revisión: El dios maya Chac, dios principal de la lluvia, estaba representado por un viejo *que* lloraba constantemente.

Original: Debemos prácticamente todo lo que sabemos de los mayas a Diego de Landa. Era un sacerdote franciscano y llegó a México poco después de la conquista española.

Revisión: Diego de Landa, *a quien* debemos prácticamente todo lo que sabemos de los mayas, era un sacerdote franciscano *que* llegó a México poco después de la conquista española.

Original: Para los mayas, el sacrificio humano no era un gesto de crueldad sino un rito solemne. Sin embargo, los mayas horrorizaron a Diego de Landa.

Revisión: Los mayas, para *quienes* el sacrificio humano no era un gesto de crueldad sino un rito solemne, horrorizaron a Diego de Landa.

Práctica 7.4   Combinando ideas de varias frases

Reescriba el siguiente párrafo, usando elementos modificadores (*free modifiers*), conjunciones subordinadas, **que** y **quien.**

En México, se han encontrado abundantes cisternas profundas. Los mayas usaban estas cisternas para conservar el agua. Algunas de las cisternas tenían una finalidad distinta. A estos pozos gigantescos eran arrojados[a] hombres y mujeres. Se destinaba a varias personas al sacrificio. Eran los «escogidos». A menudo eran muy jóvenes. Muy a menudo, las víctimas consentían en su sacrificio. El sacrificio era una ceremonia solemne. Diego de Landa vio estas ceremonias. También se asombró de la cantidad de dioses de los mayas. Creía que su deber era combatir por todos medios aquella religión pagana. La acción represiva de Diego de Landa fue violenta. El fue responsable por muchos excesos. Le castigaron por sus excesos cuando volvió a España.

[a]*thrown*

Al usar la computadora

Práctica 7.5   La sintaxis

Escriba el pasaje anterior en la computadora. Después revíselo usando las funciones de insertar, cancelar, sobreescribir, copiar y mover texto.

---

4. *Use the colon, dash, and semicolon.* One way to vary your sentence structure and to signal relationships among your ideas is through punctuation. The colon can be used in place of **es decir** or **por ejemplo** to introduce an explanatory list or clause. The part of the sentence before the colon should be able to stand alone as a sentence.

> Algunas personas embarcadas en la *Santa María* no eran marineros: el médico, el carpintero, el tonelero,[a] el calafateador,[b] el intérprete, el notario, el oficial de policía y dos funcionarios reales.*

> La *Pinta,* la *Niña* y la *Santa María* salieron indemnes[c] de los grandes riesgos del mar: las tempestades, los vientos contrarios o la completa ausencia de viento.*

> Hacemos del estudio lo que algunos hacen de la libertad: una Gorgona[d] en vez de un dios afable.†

[a]*barrel maker*   [b]*caulker*   [c]*undamaged*   [d]*Gorgon*

Use a semicolon in place of a period to connect two sentences that are very closely related. Although a period would be grammatically correct too, the semicolon signals that the two sentences convey a single thought.

---

* Adaptado de Paolo Ceserani, *Grandes viajes I,* 1979
† Este trozo, escrito por la poeta y escritora chilena Gabriela Mistral (1889–1957), apareció en la colección *Lecturas para mujeres,* 1923. Mistral recibió el Premio Nobel de Literatura en 1945.

Durante el viaje de Colón, no hubo tempestades, vientos ni calma chicha;[a] sin embargo los tuvo con la tripulación,[b] que en un determinado momento fue presa[c] del miedo de no poder volver nunca más a la patria.*

Cuando Colón y sus hombres desembarcaron por primera vez se arrodillaron[d] dando gracias a Dios; para honrar a Dios llamaron a la isla San Salvador.*

En sus últimos años la suerte de Colón declinó; víctima de envidias y de intrigas, murió el 20 de mayo de 1506, pobre y olvidado.*

Use dashes to provide a strong pause within a sentence when you want to emphasize a point or add a parenthetical comment.

Cuando nació Hernán Cortés,[†] en un día del año de 1485 — nunca se supo qué fecha — su padre, que abominaba la guerra, quiso que su hijo hiciera carrera de leyes.*

Esta mexicanidad — gusto por los adornos, descuido[e] y fausto,[f] negligencia, pasión y reserva — flota en el aire [de la ciudad de Los Ángeles].[‡]

El «pachuco» no quiere volver a su origen mexicano; tampoco — al menos en apariencia — desea fundirse a[g] la vida norteamericana.[‡]

[a]calma... *no wind*   [b]*crew*   [c]*prisoner*   [d]se... *they knelt down*   [e]*nonchalance*   [f]*luxury, ostentation*
[g]fundirse... *to join*

Práctica 7.6   Combinando ideas

Reescriba el siguiente pasaje para que haya coherencia entre los trozos de información. Dondequiera que sea apropiado, use elementos modificadores **que** o **quien,** conjunciones subordinadas, dos puntos, raya, o punto y coma, según el caso.

Prácticamente la tradicional arquitectura japonesa no ha evolucionado desde la Edad Media. No obstante, ninguna casa tiene más de 50 años. Se reconstruyeron las casas siguiendo el mismo modelo. El concepto del espacio y la construcción del hábitat reflejan el sentimiento japonés por la vida colectiva. Hay pocos cuartos. Las salas están separadas por paneles casi transparentes. Esta separación impide todo aislamiento individual. Favorece la vida en grupo.

Práctica 7.7   La estilística y la puntuación

El siguiente pasaje está reproducido aquí sin la puntuación completa, excepto por los puntos, corchetes (*brackets*) y elipsis. Inserte la puntuación apropiada

---

* Adaptado de Paolo Ceserani, *Grandes viajes I,* 1979
† La biografía de Hernán Cortés aparece en la página 49.
‡ Este trozo de «El Pachuco y otros extremos» en *El laberinto de la soledad* (1950) fue escrito por Octavio Paz. Su biografía aparece en la pagina 84.

(coma, dos puntos, punto y coma, o raya) donde sea necesario. Cuando termine, compare su puntuación con la del pasaje original en la página 112. Tenga presente que muchas oraciones pueden ser puntuadas de más de una manera. Si su versión es correcta gramaticalmente, pero diferente de la original, considere cómo su estilo de puntuación crea un efecto diferente.

> Expulsados[a] de Alemania [Karl Marx y su familia] se habían refugiado en un suburbio obrero de Bruselas y un día Marx fue capturado por la policía y exiliado a Francia... En París pese a vivir con nombre supuesto[b] la familia Marx fue descubierta por la policía y despachada[c] a Inglaterra.... En 1850 el dinero se había acabado y el propietario los puso en la calle fue entonces cuando vinieron a instalarse[d] aquí [Dean Street] fue entonces cuando comenzó lo peor. Imposibilitados de pagar las deudas[e] contraídas por alimentos en las tiendas del barrio todas las pertenencias de la familia incluso las camas y los juguetes de los niños fueron embargadas[f] y vendidas el último hijo varón de pocos meses había nacido en medio de las persecuciones y destierros[g] enfermizo no pudo ser atendido ni alimentado convenientemente y murió.
>
> —*Mario Vargas Llosa,* * «*Una visita a Karl Marx*»,
> Contra viento y marea, *1983*

[a]*Thrown out*   [b]*nombre... assumed name*   [c]*sent*   [d]*vinieron... they established themselves*   [e]*debts*   [f]*seized*   [g]*exiles*

5. *Vary your sentence lengths and types, so that some sentences are short, some long, some simple, and others complex.* This is not only more interesting rhythmically, but it also provides another way for you to control what you want to emphasize. Very short sentences, for example, draw attention to themselves, as do questions and information introduced with a dash.

¿Por qué cede Moctezuma?[†] ¿Por qué se siente extrañamente fascinado por los españoles y experimenta ante ellos un vértigo que no es exagerado llamar sagrado—el vértigo lúcido del suicida ante el abismo? Los dioses lo han abandonado. La gran traición con que comienza la historia de México no es la de los tlaxcaltecas, ni la de Moctezuma y su grupo, sino la de los dioses. Ningún otro pueblo se ha sentido tan totalmente desamparado como se sintió la nación azteca ante los avisos, profecías y signos que anunciaron su caída.
    —*Octavio Paz, «Conquista y colonia», El laberinto de la soledad, 1950*

---

* Mario Vargas Llosa (n. 1936), escritor peruano, es uno de los novelistas más conocidos de Latinoamérica.
† Moctezuma II era emperador de los aztecas durante el tiempo del máximo esplendor del imperio (1502–1520). La tribu de los tlaxcaltecas, de la nación Tlaxcala, se alió con los españoles para luchar contra Moctezuma y sus guerreros.

Al usar la computadora

Práctica 7.8   La longitud de sus oraciones

Después de que haya escrito la versión preliminar de un ensayo, inserte dos retrocesos (*returns*) después de cada oración para comparar la extension de ésta con la de las otras. Si varias oraciones consecutivas tienen la misma longitud, considere la posibilidad de combinar su contenido para crear mayor variedad. Primero, note la variedad de longitud de oraciones en el siguiente modelo.

MODELO:

Al trazar una «geografía de las desgracias» sobresalen los terremotos y las erupciones en la zona atlántica y en la franja del Pacífico. (*Inserte dos retrocesos.*)

En 1541, Santiago de Guatemala sufre su primera destrucción. (*Inserte dos retrocesos.*)

La ciudad de León, en Nicaragua, se cambió de sitio en 1610 para escapar de otros temblores y erupciones. (*Inserte dos retrocesos.*)

En 1717 un terremoto destruye los mejores edificios de la capital colonial, y no faltan intenciones de cambiarla de sitio. (*Inserte dos retrocesos.*)

No menos de diez erupciones del volcán de Fuego, que corona la ciudad, se suceden entre 1700 y 1773. (*Inserte dos retrocesos.*)

Managua sucumbe en 1931 y 1972. (*Inserte dos retrocesos.*)

Convivir con temblores y volcanes es parte indisoluble de la vida en Centroamérica desde hace siglos. (*Inserte dos retrocesos.*)

—*adaptado de* Breve historia de Centroamérica, *de Hector Pérez Brignoli, 1985*

6. *Experiment with the cumulative sentence.* When you want to write a long sentence packed with information, try a cumulative sentence. The cumulative sentence is built on a series of clauses and phrases all modifying a central assertion. In the following examples, the central assertion is italicized.

Chorreado[a] por las lluvias, inmóvil en las tempestades, [el árbol] *permanecía allí*, durante algunos siglos más, hasta que, un buen día el rayo acababa de derribarlo[b] sobre el deleznable[c] mundo de abajo.

—*Alejo Carpentier,* «La selva», 1959*

[a]*Soaked* [b]*knock it down* [c]*frail*

---

* Alejo Carpentier (1904–1980) fue un escritor, poeta y músico cubano.

La monumental sopa de pan, rehogada[a] en grasa, con chorizo,[b] garbanzos y huevos cocidos cortados en ruedas, *circulaba* ya en gigantescos tarterones,[c] *y se comía* en silencio, jugando bien las quijadas.[d]
— *Emilia Pardo Bazán,** Los pazos de Ulloa, 1886

[a]*cooked slowly*   [b]*sausage*   [c]*large pans*   [d]*jaws*

7. *For unity and emphasis use parallel structures.* Parts of a sentence are parallel to each other when they repeat a pattern. By arranging items parallel to each other, you draw attention to them and show that they belong together logically. The parallel elements are italicized in the examples that follow.

Circe, hechicera[a] de la mitología griega, podía convertir a los hombres en *lobos, leones* y *otros animales.*

Los indios vivían libremente en cualquier parte: *en las cuevas de los rocales,*[b] *en las chozas*[c] *que hacían en las hondonadas,*[d] *al pie de los cerros, cerca de los manantiales.*[e]
— *José María Arguedas,*[†] «El despojo», 1941

[a]*sorceress*   [b]*rock formations*   [c]*shacks*   [d]*ravines*   [e]*springs*

Para satisfacer su deseo de saber, Sor Juana Inés de la Cruz leyó mucho; *para poder ir a la Universidad de México,* se vistió de hombre; *para realizar su vocación hacia el estudio,* ingresó en el convento.[‡]

Sor Juana Inés de la Cruz

Práctica 7.9   Para variar la estructura de sus oraciones

Reescriba el siguiente pasaje para darle un estilo apropiado e interesante. Varíe la longitud de las oraciones y use las siguientes estructuras: la oración acumulativa y la estructura paralela. Tómese la libertad de modificar las ora-

---

* Emilia Pardo Bazán (1852–1921) fue una novelista española de la escuela naturalista.
† José María Arguedas (1911–1969) fue un novelista peruano.
‡ Sor Juana Inés de la Cruz (1651–1695) fue una poeta mexicana de la época colonial.

ciones y de añadir cualquier palabra para conectar y explicar lo que a Ud. le parezca necesario.

> El chimpancé es uno de los dos monos antropomorfos de África. El otro es el gorila. El chimpancé es más común que el gorila. El chimpancé es más pequeño también. Por sus características e inteligencia, el chimpancé se asemeja más a[a] los seres humanos que el gorila. Aparte del tamaño, el chimpancé se diferencia del gorila porque tiene las orejas más grandes y la nariz más aplastada. De pie, el chimpancé mide cerca de metro y medio de estatura. Muy raras veces toma voluntariamente esta posición. Al caminar suele apoyarse en sus largos brazos. Pone en el suelo los nudillos[b] de las manos. De noche duerme en un tosco nido[c] o plataforma. Construye el nido entre las ramas más altas de los árboles.

[a]se... resembles more   [b]knuckles   [c]tosco... rough nest

8. *For a deliberately staccato effect, write a series of intentional fragments.* As the following examples show, this device draws a great deal of attention to the information in fragments, so use it sparingly.

> Mañana de abril. Luz de oro en Segovia. Piedra dúctil, amasillada,[a] de los palacios e iglesias a la intemperie.[b]
> —*Carlos Fuentes,* Tiempo mexicano, *1985*

> Derribadas[c] en el suelo, sin ninguna reverencia, las estatuas. Boca abajo, no preservadas, expuestas a una destrucción que la impaciencia de los indios aceleraba con el maltrato.
> —*Rosario Castellanos,** «Mestizaje religioso», 1966*

[a]like putty   [b]outdoors   [c]Knocked down

9. *For practice, imitate the style of other writers.* One of the best ways to expand your stylistic range is through word-for-word imitation exercises. Though you would never present your imitation exercise as original work, regular imitation will make you flexible and give you the tools to form your own style.

Al usar la computadora
Práctica 7.10   Imitación del estilo de otro escritor

Copie el siguiente pasaje dos veces, palabra por palabra. Después, usando la capacidad de su computadora de escribir encima de un texto, escriba su imitación encima de una copia del texto original. Escriba la imitación del pasaje escogiendo palabras llenas de significado, manteniendo el ritmo original pero cambiando el tema.

> Los americanos insisten, en cambio, en que hay que resolver lo de la presencia de antiguos nazis ahora en territorio español y disfru-

---

* Rosario Castellanos (1925–1974) fue una poeta, ensayista y novelista mexicana.

tando de todas las bendiciones del sistema. El periódico alemán *Die Welt*, influido a estos efectos por los americanos, dice que hay miles de alemanes de Hitler refugiados en España. La contestación española es lacónica: sólo 300. La prensa española asegura que el comandante paracaidista[a] alemán Otto Skorzeny, liberador de Mussolini, hombre de confianza de Hitler, es buscado afanosa-mente[b] por más de 1.500 agentes especiales de la policía norte-americana. Debe ser muy divertido para los dirigentes de la prensa española escribir esto cuando de todos es sabido que Skorzeny no sólo vive tranquilamente en España sino que se mantiene gracias al dinero que le pasa el Gobierno de Franco.

—*Federico Bravo Morata,* Historia de Madrid en la mitad del siglo, años 1949–1950, *1986*

[a]*parachutist* [b]*zealously*

Práctica 7.11 La técnica estilística

Reescriba el pasaje a continuación, usando por lo menos cuatro de las estrategias introducidas en este capítulo.

La marimba es un instrumento de percusión. Es de origen africano. Se difundió[a] en la región americana del Mar Caribe. Consta de una serie de tablillas[b] de madera de distinto tamaño. Las tablillas son golpeadas por un palillo.[c] Dan las diferentes notas de la escala cromática. Debajo de cada una de ellas hay una calabaza vacía de tamaño adecuado. La marimba es conocida en toda Latinoamérica. El uso de este instrumento es típico de la música afro-americana.

[a]*Se... It spread* [b]*slats* [c]*drumstick*

Respuesta a la Práctica 7.7

Expulsados de Alemania, [Karl Marx y su familia] se habían refugiado en un suburbio obrero de Bruselas, y un día Marx fue capturado por la policía y exiliado a Francia.... En París, pese a vivir con nombre supuesto, la familia Marx fue descubierta por la policía y despachada a Inglaterra.... En 1850, el dinero se había acabado, y el propietario los puso en la calle; fue entonces cuando vinieron a instalarse aquí [Dean Street], fue entonces cuando comenzó lo peor. Imposibilitados de pagar las deudas contraídas por alimentos en las tiendas del barrio, todas las pertenencias de la familia — incluso las camas y los juguetes de los niños — fueron embargadas y vendi-das; el último hijo varón, de pocos meses, había nacido, en medio de las persecuciones y destierros, enfermizo; no pudo ser atendido ni alimentado convenientemente y murió.

Part II

Recursos

* Advanced level

«*Yo creo que la palabra es la maravilla mayor del mundo, porque en ella se abrazan y confunden toda la maravilla corporal y toda la maravilla espiritual de nuestra naturaleza.*»

—Juan Maragall

MI CASA, MI FAMILIA, MI TRABAJO

Composición 1

La residencia

I. *Antes de escribir*

Actividad A   A leer, a observar

Es interesante leer las descripciones de lugares que se encuentran en las acotaciones (*stage directions*) de varias obras teatrales. Los dramaturgos tienen que decirnos exactamente cómo debería *ser* una casa o cómo deberíamos imaginarla. Por ejemplo, en la obra *El Gesticulador* (1944) del mexicano Rodolfo Usigli, vemos una casa.

> ...la casa del profesor César Rubio. La sala tiene ahora el aspecto de una oficina provisional. Hay un escritorio; una mesa para máquina de escribir, con su máquina; papeles y libros amontonados. Hay un rollo de carteles[a] en el suelo, junto a los arcos del comedor. Uno de ellos, desplegado,[b] muestra la imagen de César Rubio con la leyenda[c] «El Candidato del Pueblo». En esta improvisación y en este desorden se advierte cierta ostentación de pobreza, una insistencia de César Rubio en presumir de modestia.

[a]*posters*   [b]*spread out*   [c]*caption*

115

Ahora mire con atención estos tres dibujos, y escoja el dibujo que Ud. crea que es el de la casa del profesor Rubio.

Actividad B Imitación

Vuelva a leer la descripción de la Actividad A. Vea a continuación el mismo párrafo con espacios en blanco. Reemplace por otras palabras todos los términos que faltan para crear otro párrafo, tratando siempre de mantener el mismo ritmo. Esta actividad puede resultar cómico, si Ud. emplea su sentido de humor y términos originales.

> ...la casa de _____. La sala tiene ahora el aspecto de _____. Hay _____; _____ para _____, con _____; _____ y _____. Hay _____ en el suelo, junto a _____. Uno de _____, _____, muestra _____ con _____. En _____ y en _____ se advierte _____, una insistencia de _____ en presumir de _____.

Actividad C Escritura libre

Lea la siguiente lista de vocabulario y después describa su dormitorio en cinco minutos. Escriba continuamente; no se detenga a pensar. Para empezar, responda a estas preguntas: Para tener una perspectiva, ¿en qué parte del edificio está su dormitorio? ¿Cómo es el edificio? ¿Es su dormitorio tradicional? ¿Es funcional? ¿Cómo son los muebles? ¿Hay toques decorativos en el dormitorio? ¿Cómo está en este momento? ¿Está limpio o sucio? ¿Hay periódicos en el suelo? ¿Están las cortinas abiertas o cerradas? ¿Hay libros en la mesa? ¿Cómo es la mesa, moderna o antigua? ¿Hay plantas? ¿Dónde está su ropa? ¿Está en el armario o está en el suelo? ¿Está en orden el dormitorio? ¿Cómo estaba ayer?

cuartos: cocina, comedor, cuarto de baño, dormitorio, garaje, pasillo, sala, vestíbulo

muebles: armario, cama, cómoda, cuadro, estante, mesa, mesita, sillón, sofá

aparatos eléctricos: aire acondicionado, computadora, estéreo, horno, horno de microondas, lámpara, lavaplatos, radio, refrigerador, reloj, teléfono, televisor

en el exterior de la casa: árbol, balcón, césped, flor, jardín, patio, piscina

colores (fuertes y claros): amarillo, anaranjado, azul, blanco, gris, marrón, morado, negro, rojo, rosado, verde

formas y tamaños: circular, corto, enorme, grande, inmenso, largo, microscópico, normal, pequeño, rectangular, regular, vertical

estilos: abstracto, antiguo, colonial, ecléctico, elegante, español, exótico, francés, informal, japonés, moderno, original, romántico, tradicional

materiales: cemento, ladrillo, madera, mármol, metal, piedra, plástico, vidrio

otras palabras útiles: alfombra, ambiente, arco, arquitectura, característica, columna, cortina, curva, chimenea (*fireplace*), decoración, ducha, equilibrado, fachada, paisaje, puerta, simetría, suelo, ventana

Actividad D   Rueda de palabras

Se ha dicho que el ambiente en que Ud. vive refleja su personalidad. Pensando en su domicilio, escriba seis oraciones que describan su modo de vivir (por ejemplo, mi modo de vivir es informal, desorganizado... ; el ambiente de mi apartamento es moderno, sencillo...).

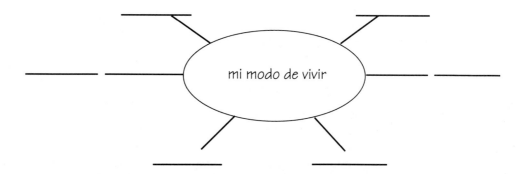

mi modo de vivir

II. Composición

1. Ud. tiene una amiga que vive en Córdoba, España. En su última carta, ella le envió una descripción interesante de su casa con muchos detalles. Ahora, ella le pide una descripción de su casa o apartamento. Describa el lugar donde Ud. vive. ¿Cómo es? Y, ¿en qué condiciones está en este momento? Organice los detalles para darle a su amiga una imagen visual completa de su domicilio.

   Sugerencias:

   - Organice la descripción con detalles que reflejen su estilo de vida.
   - Describa los cuartos sistemáticamente. ¿Es una casa típica? ¿Por qué lo es? ¿Por qué no lo es? ¿Cuáles son los aspectos más interesantes? Compare el lugar donde Ud. vive con otras casas o apartamentos.

   Complete estas oraciones.

   - Desde mi sillón favorito veo...
   - Al entrar por la puerta principal se llega a...
   - Desde mi ventana favorita veo...

   Conteste estas preguntas.

   - ¿Cómo está su casa o apartamento en este momento?
   - ¿Están las ventanas abiertas o cerradas?
   - ¿Hay platos de ayer sobre la mesa del comedor?
   - ¿Hay mucha ropa sucia tirada por el suelo de su alcoba?
   - En la cocina, ¿están sus llaves encima del refrigerador?
   - ¿Está trabajando alguien con la computadora en este momento?
   - ¿Quién mira televisión en la sala?
   - ¿Hay revistas al lado del televisor?

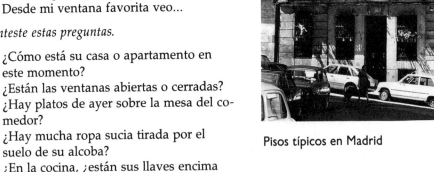

Pisos típicos en Madrid

2. Repase su primera versión de la descripción de su domicilio. Escoja la idea que quiere usar para su tesis. Después reorganice su ensayo de acuerdo con su tesis. Añada más ejemplos.

Patio interior
de una casa en
Córdoba, España

III. *Revisión: Guía para revisar la redacción*

Use la guía para revisar su ensayo o el de un compañero (una compañera).
Escriba sus comentarios en el ensayo mismo y firme al pie de la última página.

Primer borrador

1. ¿Tiene el ensayo una tesis? Subráyela.
2. Ponga entre corchetes ([ ]) las secciones que sea necesario omitir o revisar conforme a la tesis.
3. Indique a su compañero/a con una estrella (★) la parte más interesante de la descripción.
4. ¿Dónde se necesita ampliar la explicación o hacer una descripción? Ponga una palomita (✔).
5. Al final del ensayo, escriba tres preguntas con el propósito de que su compañero/a haga una descripción más detallada.

Último borrador

1. Subraye los usos de los verbos **ser** y **estar** en todo el ensayo. Analice su uso en cada caso. Marque con puntos de interrogación (¿ ?) aquéllos cuyo uso parezca dudoso. Consulte a su profesor(a) sobre los casos dudosos.
2. Lea el ensayo fijándose en la concordancia (nombre-adjetivo). Marque con un asterisco cualquier caso cuyo uso parezca dudoso. Devuélvale el ensayo a su compañero/a para que revise las observaciones que Ud. hizo.

Composición 2
La familia

I. Antes de escribir

Actividad A   A leer, a entrevistar: Los apellidos

La diferencia básica entre los nombres norteamericanos y los hispánicos es que en el sistema hispánico, una persona usa ambos apellidos: el de su madre y el de su padre.* Por ejemplo, Ángela Paredes Cáceres y Lorenzo Ramírez Crespo acaban de casarse. Ángela cambia la estructura de su nombre y ahora se llama Ángela Paredes de Ramírez. Un año después del matrimonio, nace una hija llamada Susana María, de modo que su nombre completo es Susana María Ramírez Paredes. Los niños llevan el apellido de ambas familias: la paterna y la materna. Imaginemos que Susana crece y se casa con José García Yáñez. Susana será conocida como Susana María Ramírez de García, pero el apellido de José no cambia con el matrimonio.

1. Escriba su nombre completo usando el sistema hispánico.
2. Entreviste a tres de sus compañeros de clase y escriba sus nombres y apellidos.

---

* Aunque ésta es la norma en España y Latinoamérica, muchos hispanos en los EE.UU. no la siguen.

ORTIZ SARA CAMACHO DE
  B DOMINGUEZ 621 CP 68050 5-4359
ORTIZ SILVA RODOLFO-GPE VICTORIA 361 6-8509
ORTIZ SORROZA JULIO-VEGA 121 6-2047
ORTIZ SOTO HECTOR RAYMUNDO LIC
  VALDIVIESO 116-11 6-6382
ORTIZ SOTO MANUEL-COLON 201 6-2592
ORTIZ SUMANO ANGELICA
  TINOCO Y PALACIOS 411-3 ZP 68........................6-0948
ORTIZ VASQUEZ FRANCISCO PROF
  PRIV 1 GPE VICTORIA 137 6-1887
ORTIZ VELASCO JOSE MANUEL
  A OBREGON 109 CP 68120 6-2131
ORTIZ VICTORIA RAMIREZ DE
  LAS AMERICAS 104 5-1493
ORTIZ VILORIA LEONILA
  A CASTELLANOS 104 6-4302
ORTIZ VIRGINIA GUERRERO DE
  CALLE 10 NTE 103 6-3059
ORTIZ ZARATE EFREN-F ROMERO 22 5-3676
ORTIZ ZAVALETA ALMA-M OCAMPO 711 ZP 68 6-7401

OSEGUERA CALDERON ENRIQUE
  T DE LAS HUERTAS 121 CP 68120........................6-0310
OSOGOBIO ARAGON FELIPE PROF
  LA COSTA 110 6-7027
OSOGOBIO CUEVAS SOLEDAD YOLANDA
  AND L CARDENAS 143 ZP 68...............................5-6240
OSORIO ALCALA JAIME SALVADOR
  SAN FRANCISCO 301 6-0354
OSORIO BAUTISTA GLORIA-NORTE 1 N° 700...............5-5193
OSORIO BLANCA AZUCENA VILLANUEVA DE
  MADERO 1138-8 ZP 68 6-0867
OSORIO CRUZ ANGELES-CJON V SUAREZ 2................6-1968
OSORIO CRUZ SAMUEL
  CJON MORELOS 118 CP 68040 5-8463
OSORIO DIAZ ADOLFO DR
  BUSTAMANTE 603-D ZP 68 6-6462
OSORIO DIAZ ENRIQUE-PENSAMIENTOS 101 5-2596
OSORIO DIAZ FRANCISCO LIC
  B DOMINGUEZ 322 5-3170
OSORIO ENA SUAREZ DE
  NARANJOS 1118 CP 68050 5-0051

Actividad B   Árbol genealógico

Hable con sus parientes sobre sus antepasados y después haga un esquema lo más completo posible de su árbol genealógico. Si prefiere no usar un ejemplo personal, vaya a la biblioteca universitaria o a una biblioteca pública, y busque en el fichero o la base de datos la palabra «genealogía». Busque la biografía de un personaje histórico que a Ud. le interese y haga su árbol genealógico.

MODELO:

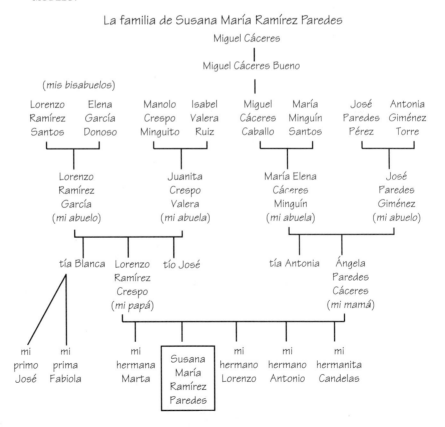

La familia de Susana María Ramírez Paredes

Actividad C   Escritura libre, visita a la biblioteca

1. Escriba por diez minutos todo lo que sepa del origen de su propio apellido o del apellido de uno de sus antepasados. ¿Qué indicios le da
   sobre su herencia étnica?
2. Después investigue el origen del apellido (o de sus otros apellidos de familia) en la sección genealógica de una biblioteca pública y hable con el
   bibliotecario (la bibliotecaria) para ampliar su investigación.

Actividad D   Presentación

Escriba una página o prepare un informe oral sobre el origen étnico y las raíces
de su familia.

Actividad E   Visita a la biblioteca, diagrama Venn, resumen

Escoja una fecha importante en la historia de su familia: el día en que su
abuelo o abuela llegó a los EE.UU., el día en que Ud. (o su padre o madre)
nació, el día en que Ud. comenzó a asistir al jardín de infancia, etcétera.
Busque en la biblioteca un periódico en inglés y otro en español publicados en
esa fecha. Lea los titulares (*headlines*). Usando el siguiente esquema, ¿cómo se
compara la información de los titulares del periódico norteamericano con la de
los titulares de la publicación en español? (Si en la biblioteca no hay pub-
licaciones en español, compare dos periódicos norteamericanos.)

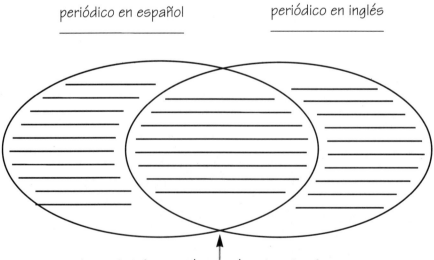

Ahora escriba un párrafo en español sobre lo que sucedió ese día o año y
anote las fuentes de información al final.

II. *Composición*

Imagine que su tío favorito colecciona relatos de tradiciones familiares para incluir en un libro de genealogía que prepara. Los lectores del libro serán los miembros de las generaciones presente y futura de su familia. Su tío le ha pedido que haga lo siguiente.

Escriba un ensayo sobre una historia, un episodio personal o una tradición de su familia que explique su trasfondo (*background*) familiar o su herencia cultural. La historia, episodio o tradición pueden haberse sido transmitidos de generación en generación, o puede ser alguna experiencia que haya tenido Ud. o algo que haya observado o comenzado Ud. mismo/a. Escriba su relato explicando cómo eso tiene que ver con su herencia familiar. ¿Por qué tiene valor especial para Ud. o su familia?

MODELO:

La comida cumpleañera

Todos los años para el cumpleaños de mi abuelo, comemos lo mismo: bistec, maíz, papas y helado de fresa. Después de comer, el abuelo, rodeado de sus nietos (no importa que ahora seamos mayores) nos cuenta cómo él, cuando era pequeño, les pedía a sus padres la misma comida para sus cumpleaños, y cómo ellos, que entonces no tenían mucho dinero, tenían que economizar para ofrecerle la comida que él quería. Eran los días de la «Gran depresión económica» en los EE.UU. Desde entonces siempre ha pedido la misma comida para su cumpleaños como homenaje a sus padres, que eran muy generosos con él. Después de la repetición del mismo cuento, le cantamos al querido abuelo «Feliz cumpleaños». Como mi abuelo desde niño yo también he pedido la misma comida para mis cumpleaños. Sigo la tradición que empezó él hace muchos años y algún día yo también les contaré la historia de esta comida a mis nietos...

Una familia puertorriqueña en San Juan

III. Revisión: Guía para revisar la redacción

Use la guía para revisar su ensayo o el de un compañero (una compañera).
Escriba sus comentarios en el ensayo mismo y firme al pie de la última página.

Primer borrador

1. Identifique y subraye la tesis.
2. Señale con corchetes ([ ]) cualquier parte del relato que no apoye el punto principal o la tesis.
3. Escriba una estrella (★) al lado de la parte más interesante.
4. Ponga una palomita (✓) al lado de los pasajes que no estén claros.

Último borrador

1. Subraye todas las formas del pretérito y del imperfecto de indicativo. Marque con un signo de interrogación (¿ ?), los casos cuyo uso parezca dudoso y después consulte a su profesor(a) o su libro de gramática sobre los casos dudosos.
2. Vuelva a leer el ensayo fijándose sólo en la acentuación. Ponga un círculo alrededor de los casos dudosos y devuélvale el ensayo a su compañero/a para que revise las observaciones que Ud. hizo.

Composición 3
El trabajo

 ## I. Antes de escribir

Actividad A   Escritura libre

Lea la lista de ocupaciones y después escoja dos ocupaciones, una que le interese y otra que no le interese (no tienen que ser de la lista). Escriba un párrafo explicando por qué le interesa esta ocupación y escriba otro párrafo explicando por qué la otra no le interesa.

el/la abogado/a
el actor / la actriz
el/la agente de seguros[a]
el/la analista de sistemas
el/la archivero/a
el/la arquitecto/a
el/la asistente social
el/la ayudante de optometría
el/la ayudante de terapia
   ocupacional
el/la bibliotecario/a

el/la biólogo/a
el/la cocinero/a
el/la conductor(a) de autobuses
el/la consejero/a de rehabi-
   litación
el/la dependiente
el/la diseñador(a)[b] de interiores
el/la escritor(a) técnico/a
el/la especialista en relaciones
   públicas
el/la farmacéutico/a

[a]agente... *insurance agent*   [b]*designer*

el/la físico/a	el/la modelo
el/la fotógrafo/a	el/la oceanógrafo/a
el/la gerente municipal[a]	el/la periodista
el/la higienista dental	el/la piloto/a
el/la historiador(a)	el/la plomero/a[b]
el/la hotelero/a	el/la profesor(a) universitario/a
el/la ingeniero/a de	el/la programador(a)
telecomunicaciones	el/la sicólogo/a
el/la investigador(a) de mercados	el/la rabí
el/la mecánico/a de automóvil	el/la técnico/a forestal[c]
el/la mecánico/a de avión	el/la topógrafo

[a]gerente... *city manager*   [b]*plumber*   [c]técnico/a... *forester*

TNT Unitransa, S.A.

Empresa Multinacional líder en el Mercado Europeo de Paquetería Urgente

Por ampliación de actividad, selecciona para el Area Operativa.

MOZOS DE ALMACEN

Le ofrecemos:
- Incorporación inmediata, contrato laboral.
- Posibilidad de promoción.

Si está Ud. interesado:
Presentarse personalmente entre 10 y 13 y 16 y 19 horas en nuestras instalaciones. (Le atenderán los Sres. Chicharro o Márquez), en: **Llanos de Jerez, 23. Polígono Industrial de COSLADA**

Actividad B   A leer y escribir

Lea los siguientes ejemplos de anuncios clasificados de un periódico y después invente dos anuncios para dos puestos que podrían interesarle a Ud.

SECRETARIO/A para pequeña oficina de ambiente agradable. Responsabilidades variadas incluyen: recepcionista, contestar teléfonos, cotizaciones[a] para los clientes, mecanografía,[b] procesamiento de textos, facturación,[c] inscribir datos en computadora, etcétera. Se requieren precisión, buena presencia, organización e inteligencia. Bilingüe ing./esp. ventajoso. No fumar. Llamar a la Sra. Gables 555-7865.

VENTAS Individuo motivado, enérgico. Se necesita para encargarse de ventas relacionadas con equipos de servicio de comestibles para extensa zona. Operación al por mayor.[d] Sólo aquéllos con experiencia en este giro[e] deberán solicitar. Paquete de sueldo y comisión. Gastos de automóvil y beneficios. Enviar *currículum vitae* en confidencia al Sr. Herrero. P.O. Box 3489, Miami, FL 33142.

NAVIPROSA
NVT 96/ 351 37 38-351 18 11

EMPRESA PROMOTORA Y CONSTRUCTORA

Necesita

DIRECTOR TECNICO

- Titulación de arquitecto técnico imprescindible.
- Experiencia de cinco años como jefe de obra.
- Edad máxima 35 años.
- Remuneración, más incentivos que deben superar el sueldo.
- Trabajo en Madrid.

Interesados llamar al **91/533 33 08**

[a]*quotations*   [b]*typing*   [c]*billing*   [d]al... *wholesale*   [e]*field*

Actividad C   A escribir un *currículum vitae*

Imagine que Ud. tiene que solicitar un puesto. Prepare un *currículum vitae* completo con los siguientes datos: datos personales, nombre, domicilio y teléfono, puesto ideal, experiencia profesional, preparación académica, idiomas, afiliaciones profesionales u honorarias, actividades y referencias. Primero, lea el modelo que sigue. Es un anuncio para el puesto de entrenador de voleibol seguido de un *currículum vitae* de una persona a quien le interesa el puesto.

MODELO:

Entrenador[a] *de voleibol* para un equipo a nivel de la competencia internacional. Lugar: campo de entrenamiento, Saltillo, México. Puesto patrocinado por el Instituto Preolímpico de Hispanos, representando México. Responsabilidades: coordinar y entrenar a los mejores jugadores de voleibol del mundo hispánico, con afiliación a México. El instituto le ofrece sueldos competitivos y alojamiento en el campamento de voleibol. Envíe su *currículum* al Instituto Preolímpico de Hispanos, Apartado 55.567 México, D.F., México.

[a]*Coach*

Dolores White
156 DeFeve Drive
Houston, TX 77069
(713) 555–8824

Puesto ideal: entrenadora de voleibol

Experiencia

1990–	Kellogg Community College, Houston, TX Directora del programa deportivo
1986–90	Coordinadora y entrenadora de los programas de voleibol, baloncesto y natación, Harriman YWCA, Harriman, IA Instructora del programa de gimnasia y salud
1984–86	University of Iowa, Iowa City, IA Instructora y ayudante de la entrenadora de voleibol del equipo universitario

Preparación académica

1984–86	University of Iowa, Iowa City, IA M.A., título avanzado en educación física
1980–84	Middle Tennessee State University, Murfreesboro, TN B.A., licenciada en filosofía y letras, área de especialización: educación física con concentración en cursos de sicología

Idiomas: Español e inglés; estudiante de intercambio internacional de AFS en Venezuela.

Actividades profesionales u honorarias

1990	Ganadora del premio de entrenadora de voleibol superior en la competencia regional de Texas, división X
1986	Ganadora de la beca «McVernon» para universitarios en educación física
1982	Miembro de «Tennessee State Girl's Athletics Advisory Board»

Referencias: Educational Placement Office
Kellogg Community College
Houston, TX 77066
(713) 555–3440

Actividad D   Una carta de presentación

Ahora escriba una carta de presentación para el trabajo que solicite.

MODELO:

New Orleans, 3 de enero de 1993

Sra. Rosa Núñez Martín, directora del proyecto
Hispanic Marketing Research, Inc.
100 Ocean Lane Dr.
Key Biscayne, FL 33149

Muy estimada Sra. Núñez Martín:

Permítame presentarme como candidata para el puesto anunciado en el *Miami Herald* (24 diciembre 1992) de asistente de investigaciones en su excelente compañía. Como universitaria con considerable experiencia en investigaciones, escritura y análisis de información, tengo confianza en mis habilidades para el cargo de asistente de investigaciones en su organización.

Al revisar mi *currículum vitae*, se dará Ud. cuenta de que tanto mi educación como mi experiencia práctica me han dado un conocimiento sólido de la metodología de investigaciones y su aplicación a una variedad de proyectos. Además, mi trabajo en la librería estudiantil ha requerido un conocimiento de programación básica y la habilidad de analizar información de la computadora. También tengo cinco años de experiencia con los sistemas principales de ordenadores personales.

Como gerente de la librería estudiantil, tuve a mi cargo a diez empleados. Organizaba sus horarios de trabajo. También hice una investigación para ver si la librería estudiantil debería vender discos compactos. Empezamos a venderlos el pasado mes de noviembre, con gran éxito para la librería, pues las ganancias de la librería han aumentado en un diez por ciento.

He tenido la oportunidad de desempeñar diferentes funciones como la de entrevistadora, colega y supervisora. De esta manera he desarrollado la habilidad de relacionarme con otras personas, cualidad que considero necesaria para ser un miembro eficaz de un equipo de investigación.

Desearía que me diera la oportunidad de reunirme con Ud. para hablar con más detalle de mis calificaciones y de cómo podría contribuir con mis servicios a su valiosa organización.

Me pondré en contacto con Ud. dentro de una semana para acordar una entrevista a su propia conveniencia.

Gracias anticipadas por su atención.

Atentamente,

Luisa Barrón
1000 Plantation Dr.
New Orleans, LA 70123

II. Composición

Escoja uno de los siguientes temas para escribir.

1. Ud. tiene una cita con su consejero académico (consejera académica) en la universidad. Al prepararse para la cita, repase el *currículum* que Ud. acaba de escribir y escriba una composición en que analice sus habilidades para el campo en el que está pensando especializarse.

2. Escriba un diálogo entre un posible empleador (una posible empleadora) y un posible empleado (una posible empleada). Puede usar uno de los siguientes escenarios como punto de partida u otra idea que quiere desarrollar.

- DIRECCION DE MATERIAL -
Subdirección de Administración y Control Económico
Unidad de Compras

CONVOCA: Concurso número 007 PQS s/n.

OBJETO: Mantenimiento preventivo instalaciones, climatización y ventilación de la zona industrial número 1.

CONDICIONES: Los pliegos de condiciones para su examen se encuentran a disposición de los interesados en las oficinas de la citada Subdirección, sitas en el Hangar número 2, Ala Sur, Planta 3.ª de la zona industrial número 1 en Barajas, en horas de 8 a 15, teléfono 329 05 87.

Puede ser obtenida copia de los mismos en Reproducciones Cavero, calle Virgen de Nuria, 13. Madrid.

PLAZO: El plazo de licitación caduca a las 14 horas del próximo día 22 de agosto 1991.

Barajas, 16 de julio 1990.

Durante la entrevista el empleador (la empleadora) dice:

a. «No podemos pagar el sueldo que generalmente se paga por esta clase de trabajo, pero el puesto ofrece muchas posibilidades.»

b. «Me gustaría que empezara a trabajar con nosotros dentro de dos semanas, si no hay ningún inconveniente.»

c. «Por este puesto han pasado cinco personas y ninguna nos ha dado resultado. Esperamos que Ud. tenga más éxito.»

COORDINADOR(A) DE PACIENTES Organización de Servicio de Salud Mental. Nueva oficina en área de Santa Mónica. Responsabilidades incluyen fijar horario de citas con pacientes, archivar, contestar varias líneas de teléfono y trabajar con computadora personal. Requisitos: mecanografía, procesamiento de textos, conocimientos de computadora personal y habilidad general para matemáticas. Experiencia en ambiente médico preferible. Preparación: diploma de secundaria. Excelente sueldo y beneficios. Enviar *currículum vitae* a: Dr. Smith. P.O. Box 8990, Santa Mónica, CA 90405.

III. *Revisión: Guía para revisar la redacción*

Use la guía para revisar su ensayo (o diálogo) o el de un compañero (una compañera). Escriba sus comentarios en el trabajo mismo y firme al pie de la última página.

Primer borrador

1. Ponga un asterisco al lado de la parte que le interese más.
2. Ponga una palomita (✓) al lado de las partes que no estén claras.
3. Si analiza un ensayo, ¿son persuasivas las razones para entrar en tal campo? ¿por qué? Si analiza un diálogo, ¿cuál de los interlocutores es más persuasivo/a? ¿por qué? Escriba sus comentarios al revés de la página.
4. Imagine que Ud. es supervisor(a) de empleados. ¿Qué consejos le daría al candidato (a la candidata)? Escriba una lista de más o menos seis consejos al revés de la página.
5. En dos frases, escriba al revés de la página un resumen de la conversación entre consejero/a y estudiante o empleador(a) y posible empleado/a.

Último borrador

1. Revise todos los verbos en el tiempo futuro. Después subraye los casos cuyo uso parezca dudoso y consulte a su profesor(a) sobre ellos.
2. Se usa la **a** personal delante de una persona cuando ésta es el objeto del verbo. Lea el ensayo (o el diálogo) e inserte una **a** donde sea necesario.

¿QUÉ PASARÍA SI... ?

Composición 4

La supervivencia

I. Antes de escribir

Actividad A A leer, a escribir: Su propia biografía

Imagine que un cataclismo universal está a punto de ocurrir. En este desastre morirán todos los habitantes de la Tierra, con excepción de un pequeño grupo elegido con anticipación para sobrevivir. Ud. es jefe/a del comité ejecutivo que elegirá a los que van a sobrevivir en una lejana isla tropical donde caben solamente siete personas. Ud. tendrá que escoger a siete de los dieciséis candidatos de la lista. Lea las biografías de los candidatos y en una hoja aparte, escriba su propia biografía.

1. **Tomás:** Tiene 19 años. Es un universitario muy dedicado al estudio, que no ha elegido ninguna área de especialidad todavía. Es aficionado al karate y al arte italiano. De niño era explorador (*boyscout*) y le gusta acampar al aire libre.

2. **Marco:** Tiene 23 años. Es arquitecto, pinta cuadros impresionistas y también es entrenador de béisbol. Perdió la pierna derecha en un accidente. Es multilingüe.

3. **David:** Tiene 37 años. Doctorado en teología, es profesor universitario norteamericano. Está en buenas condiciones físicas. Corre diariamente. Su pasión es la botánica. Le gusta la política. Está casado con la candidata 4 y tiene un hijo (candidato 5).

Una isla tropical, Tahiti

4. **María:** Tiene 38 años. Doctora en sicología, es consejera de una clínica mental. Juega al boliche (*bowling*) una vez a la semana desde hace cinco años, pero es un poco corpulenta. Casada con el candidato 3, tiene un hijo (candidato 5). Es diabética.

5. **Joe:** Tiene 10 años. Retrasado mental con un coeficiente mental muy bajo, pero es saludable y fuerte para su edad.

6. **Yoka:** Tiene 23 años. Ha hecho hasta el noveno grado (tercero de bachillerato) y es mesera de un bar. Es vegetariana. Casada a los 16 años, divorciada a los 18 años, es madre de una niña (candidata 7), a quien nunca abandonaría.

7. **Flora:** Tiene 3 años. Es una niña saludable.

8. **Ana:** Tiene 18 años. Fue educada en un colegio técnico y tiene talento artístico. Ha viajado por todo el mundo. Usa anteojos.

9. **Emil:** Tiene 25 años. Estudia el último año de medicina. Fanático de la música y del mantenimiento físico, es experto en el deporte jai alai.

10. **Kate:** Tiene 28 años, graduada en ingeniería electrónica, separada después de un breve matrimonio. Su juego favorito es el ajedrez.

11. **Robert:** Tiene 51 años. Titulado en mecánica, tiene mucha experiencia en construcción. Es casado y padre de cuatro hijos. Le gusta la naturaleza. Es muy hábil. Toca la trompeta.

12. **Nelson:** Tiene 73 años. Es sacerdote, activo en la causa por los derechos humanos; a veces es criticado por sus ideas radicales. Era atleta en la universidad. Tiene experiencia en agricultura. Como pasatiempo juega al dominó.

13. **Ignacio:** Tiene 66 años. Es doctor en medicina general. Ha tenido dos ataques al corazón en los últimos cinco años. Adora la literatura y cita largos versos de memoria.

14. **Sara:** Tiene 42 años, sabe coser y tejer. Entiende cuatro lenguas. Trabajó de guía en varios parques nacionales. Bebe demasiado, tiene experiencia como comadrona (*midwife*).

15. **Abena:** Tiene 23 años. Ganó primera alternativa (*runner-up*) en el concurso mundial de belleza. Estudia medicina tropical. Es multilingüe; trabajó de traductora durante las últimas Olimpíadas. Le gusta la aventura.

16. Candidato/a: Ud....

Actividad B   Fichas, discusión

Escriba los nombres de los siete candidatos favoritos en fichas o papelitos y póngalos en orden de importancia, tomando en cuenta su posible contribución a la sobrevivencia del grupo. Apunte las razones para su selección. Comparando la información que tiene en sus fichas, con la de otros miembros de la clase, discuta los atributos de los candidatos. Puede cambiar de idea después de escuchar las opiniones de sus compañeros.

Actividad C   Escritura libre, análisis de un candidato

Elija uno de los candidatos (que no sea Ud.) y escriba un comentario acerca de los puntos positivos y negativos de esa persona.

Actividad D   Escritura, autoanálisis

Escriba en estilo libre sobre si Ud. debería ser uno de los sobrevivientes. Describa sus características y cualidades en detalle.

Actividad E   Árbol de ideas

Los sociólogos dicen que en cualquier grupo siempre sobresale alguien que se convierte en líder. De los siete sobrevivientes que Ud. elija, ¿cuál podría sobresalir como líder y por qué? Organice sus ideas en forma de un árbol de ideas, como en el siguiente ejemplo.

MODELO:

Yo sería un(a) líder natural por...

mi carácter

mi aspecto físico

inteligente   diplomático/a   humilde   fuerte   joven   hábil

Mis parientes me dicen que soy listo/a.

Soy partidario/a de la paz y la armonía universal.

Como lo que es necesario para mantener la buena salud.

Tengo 21 años.   Soy diestro/a.

Saco buenas notas en la universidad.

Entiendo la importancia de la actividad física.

II. Composición

Escriba una exposición sobre sus decisiones en cuanto a los siete candidatos.

Razones a considerar en cuanto a cada candidato y al grupo en general:

- posibilidad de participar en el proceso biológico de la reproducción, propagación de la raza humana
- habilidad de sobrevivir física y mentalmente en condiciones primitivas
- posibilidad de vivir en armonía
- posibilidad de transmitir una herencia cultural
- variedad de habilidades dentro del grupo escogido

Antes de empezar su composición, será necesario inventar un escenario para colocar a los candidatos.

MODELO:

Ocurrió un cataclismo universal. La Tierra entera fue sacudida por terremotos intensos. Muchos volcanes hicieron erupción. El pánico provocó más tragedias. Muchas enfermedades y epidemias surgieron. No había médicos ni medicinas para atender a los millones de enfermos. Un gran porcentaje de la población del mundo murió en los primeros meses, sobre todo en los lugares más poblados, como China.

Viendo que era la destrucción total de la raza humana, el Consejo de Seguridad de las Naciones Unidas me eligió a mí, para organizar un proyecto especial. El Consejo decidió mandar un grupo de siete personas a una isla pequeña en medio del océano. El grupo tendría que ser autosuficiente. Sería el principio de una nueva civilización...

III. Revisión: Guía para revisar la redacción

Use la guía para revisar su ensayo o el de un compañero (una compañera). En una hoja aparte siga las indicaciones a continuación.

Primer borrador

1. Repase la organización de la exposición. ¿Está claro quiénes son los siete candidatos para sobrevivir?
2. ¿Tiene la exposición bastantes puntos a favor como para ratificar las selecciones de su compañero/a? Bajo el nombre de cada persona elegida, haga una lista de los puntos que ratifican su elección. Ponga un asterisco al lado de los nombres de los candidatos cuya información biográfica se debe aumentar o detallar más.
3. Copie la frase más interesante y explique por qué le parece interesante.

Último borrador

1. Lea la exposición y analice cada verbo que aparece en el condicional. Ponga un círculo en la composición alrededor de cualquier caso cuyo uso parezca dudoso y apunte éstos en su hoja.
2. Lea la composición de nuevo fijándose en los errores ortográficos. Subraye cualquier palabra que parezca equivocada y devuélvale la composición a su compañero/a para que busque las palabras dudosas en el diccionario.

Actividad F   A comentar y discutir otra composición

Escriba un párrafo como preparación para una discusión en clase sobre el siguiente punto. Basándose en lo que ha leído en el ensayo de su compañero/a, ¿cuáles cree que son los valores de éste/a? Según la elección de su compañero/a, ¿cuáles son las cualidades más importantes de la raza humana?

Composición 5

El concurso de belleza

I. Antes de escribir

Actividad A   A escribir una opinión

Lea la siguiente información y después escriba un párrafo y comente sobre la popularidad (o falta de popularidad) de los concursos de belleza.

En los EE. UU., el número de mujeres que participa en el concurso de «Miss America» ha disminuido durante los últimos años. A su vez, el número de candidatas a puestos políticos ha aumentado.

Gracias a glasnost, los habitantes de Moscú tuvieron la oportunidad de ver en la televisión por primera vez un concurso de belleza local para elegir a la Srta. Moscú.

En California, muchachas hispanas de todo el estado, representando a numerosos países latinoamericanos, participan en el concurso de «Miss América Latina de Estados Unidos».

También en 1988, en la capital de China, se seleccionó por primera vez a la Srta. Beijing.

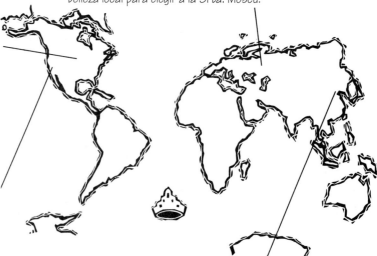

Actividad B   Escritura libre

¿Ha participado Ud. alguna vez en un concurso de belleza o ha visto un concurso de belleza en la televisión? Sin analizar su punto de vista, escriba su sincera reacción inicial al ver (o participar en) el concurso de belleza.

Actividad C   A leer y a opinar

Lea los siguientes argumentos sobre los concursos de belleza y después conteste la pregunta: ¿Le gustan a Ud. los concursos de belleza? Explique su opinión en dos o tres párrafos.

Argumento 1: Hay muchas personas que apoyan los concursos de belleza, sobre todo el de *«Miss America»*, por las siguientes razones.

1. Frecuentemente las participantes ganan mucho dinero.
2. Los concursos ofrecen a las aspirantes muchas posibilidades de ponerse en contacto con gente ya sea (*either*) en el mundo de los negocios o en el de los medios de publicidad (prensa, televisión, etcétera).
3. Tanto las candidatas como las ganadoras reciben becas (*scholarships*) universitarias.
4. En los EE.UU., el concurso de *«Miss America»* es una larga e importante tradición. Es parte de la cultura norteamericana.
5. Los concursos son divertidos para el público y las aspirantes.
6. Los concursos ofrecen a las aspirantes y a las ganadoras oportunidades para viajar.
7. Los concursos ofrecen posibilidades de conocer a mujeres de distintos grupos étnicos y sociales.

Argumento 2: Creo que los concursos de belleza deben ser abolidos.*

1. En los concursos que se dan por televisión, existe una imagen de la belleza ideal. Esta imagen demuestra que las mujeres son verdaderos artículos de consumo e implica que el éxito que logra la mujer está totalmente relacionado con su belleza, la cual parece estar de venta (a un esposo rico, por ejemplo).
2. Desde 1921 en el concurso de *«Miss America»* sólo se han podido contar pocas finalistas negras. Además se cuentan pocos casos de ganadoras que sean puertorriqueñas, mexicanoamericanas o indígenas americanas.
3. La Srta. América hace el papel de la mujer bella y boba en la sociedad: apolítica, aburrida e inofensiva.
4. Los concursos de *«Miss America»* se parecen a los del club 4-H en donde los animales (ganado, vacuno, porcino, equino [*livestock, cattle, pigs, horses*], etcétera) que entran al concurso ganan premios por su buena apariencia física.

---

* En parte, estos argumentos son una adaptación de *«No More Miss America»* en *Sisterhood Is Powerful*, editado por Robin Morgan.

Bárbara Palacios Teyde, la ganadora de «*Miss Universe*», 1986, Panamá

5. Cuando ha habido guerras, la Srta. América de turno siempre ha visitado las tropas norteamericanas. Su imagen ha sido la de cómplice de la guerra.
6. En nuestra sociedad democrática, los niños sueñan con llegar a ser presidente de los EE.UU. y las niñas sueñan con ser la Srta. América. La diferencia entre los sueños no parece muy justa.
7. Las mujeres llegan a vestirse y a maquillarse de una forma sumamente artificial. Se ponen pestañas postizas (*false eyelashes*), sujetadores (*bras*) especiales y, a veces, se hacen cirugía estética para ganar más concursos.

Actividad D   Diálogo

Escriba un diálogo imaginario entre la autora de «*No More Miss America*» y la presente Srta. América en que las personas en cuestión hablen en detalle de las ventajas y desventajas sociales, políticas, económicas y personales de los concursos de belleza.

II. Composición

Escoja uno de los escenarios que siguen para escribir.

1. Ud. acaba de ganar el título de Srta. América. Es de Bloomfield, Iowa. Sus padres son agricultores. Es la primera vez que se encuentra fuera de Iowa. Con el título, gana una beca de 10.000 dólares para sus estudios. Gana varios premios, entre ellos: un Corvette rojo, un collar de perlas y dos billetes con destino a Nueva York (para que sus padres puedan visitarla durante su año de Srta. América). Explique lo que significa personalmente para Ud. ser la Srta. América, o describa la importancia del título de Srta. América desde el punto de vista de su padre.

2. Ud. es el esposo de una antigua Srta. América y naturalmente está orgulloso del talento de su esposa. A veces le extrañan los comentarios superficiales de sus amigos tanto sobre el título como sobre la personalidad de su esposa. Describa sus problemas frente a la situación.

3. Ud. es gerente de una sucursal (*branch*) de un banco grande. Tiene un puesto de mucha responsabilidad en el que trabaja bajo gran presión. Según su jefe, Ud. es una empleada ejemplar. Pero cuando llega la hora de los ascensos, hombres con menos preparación que Ud. siempre obtienen los puestos. Ud. es una mujer bella. Sospecha que hay discriminación sexual en cuanto a los ascensos que ha perdido. Además del problema de los ascensos, muchos hombres en el banco suelen tratarla como si fuera un objeto sexual, a pesar de que Ud. se comporta profesionalmente. ¡Ud. está harta! Explique lo que significan los concursos de belleza para Ud. en relación con sus problemas en el trabajo, o describa la situación desde el punto de vista de su jefe.

III. *Revisión: Guía para revisar la redacción*

Use la guía para revisar su ensayo o el de un compañero (una compañera).
Escriba sus comentarios en el ensayo mismo y firme al pie de la última página.

Primer borrador

1. Subraye la tesis.
2. Ponga entre paréntesis dos de las ventajas principales de los concursos de belleza que se mencionan en el ensayo.
3. Ponga entre corchetes ([ ]) dos de las desventajas.
4. Escríbale al revés de la página dos consejos a su compañero/a para que sea más persuasivo/a.
5. Indique con un asterisco dos puntos que necesiten clarificación o más explicación.

Último borrador

1. Lea el ensayo en busca del artículo definido delante de un título (cuando uno no se dirige directamente a la persona (por ejemplo, «Siendo la Srta. América no ha sido fácil... »). Señale los casos dudosos con asterisco.
2. Se usa la **a** personal delante de una persona cuando ésta es el objeto del verbo. Lea el ensayo e inserte una **a** donde sea necesario y devuélvale el ensayo a su autor(a).

Composición 6
El matrimonio

 ## I. Antes de escribir

Luis Roldán Guzmán

Gloria Alegre Pastor

José Buñuel Guillén

Adela Adán Gonzalvo

Participan el enlace de sus hijos

José Mª y Marta

y tienen el gusto de invitarles a la ceremonia que tendrá lugar (D. m.) el viernes 12 de Agosto a las 8'30 de la tarde, en la Iglesia del Santísimo Cristo de El Salvador, y a la cena que se servirá a continuación en el Parador Nacional de Turismo

C. Maestro Alonso, 7-2.º I.
28028 Madrid

Se ruega contestación

C. Yagüe de Salas, 13-2.º
44001 Teruel

Actividad A   Conversación, lluvia de ideas

Con un compañero (una compañera) de clase, hable de los gastos que tiene una pareja y haga una lista de por lo menos veinte gastos que tendría un matrimonio típico con dos hijos (por ejemplo, la comida).

Actividad B   A leer y a hacer una lista

Lea las siguientes cartas publicadas en la revista *Tú* que las lectoras jóvenes enviaron como respuesta a la pregunta: «En el matrimonio, ¿se deben compartir los gastos?» Note las varias opiniones en cuanto al papel de la mujer, del hombre y los gastos en el matrimonio y después escriba una lista de actividades tradicionalmente consideradas femeninas (por ejemplo, planchar) y otra lista de quehaceres tradicionalmente masculinos (por ejemplo, lavar el auto).

«Yo pienso que al casarse, tanto el hombre como la mujer deben compartir los triunfos, problemas y necesidades del hogar; por eso considero que es justo que ambos trabajen. En cuanto a las tareas domésticas, se deben hacer entre los dos, sin que impere[a] el egoísmo o el machismo. Estamos viviendo en un mundo donde no debe existir esa absurda idea de que el hombre es superior a la mujer y que por esa razón, no le corresponde hacer ciertas labores en la casa.» Kathy Semanate, Estados Unidos

«La mujer debe contribuir económicamente en el hogar, tanto como el hombre, y éste, por cortesía o por deber, tiene que ayudarla lo más que pueda en todos los trabajos domésticos.» Teresa Benítez, Panamá

«Mi esposo y yo trabajamos y compartimos las tareas del hogar. Claro... cuando nos repartimos los quehaceres, él me aclaró que le molestaba entrar en la cocina, ya que siempre le habían enseñado que era un lugar para las mujeres, no para los hombres. Por eso yo me quedé con la cocina y él aceptó lavar los baños. Creo que fue un arreglo justo y amistoso. Los dos estamos satisfechos.» María Lucrecia Montes, México

«Este tema me hizo dar saltos[b]... ¡Vi mi casa retratada en la revista! Yo trabajo, pues mi esposo no puede sostener por sí solo los gastos del hogar. Cuando llego a mi casa, me espera una montaña de ropa y de platos, además de limpiar los muebles, etcétera. ¿Él? Lee el periódico y ve la tele. ¡No es justo! Si yo tengo la obligación de trabajar para contribuir con los gastos, él tiene que cooperar dentro de la casa. ¿No creen que la vida así es muy dura para mí? En fin, que la famosa liberación femenina se convirtió en esclavitud.»[c] Anónima de México

«La mujer debe trabajar fuera y compartir los gastos. Sólo así tendrás voz y voto en el hogar. Yo conozco a un matrimonio, en el cual el esposo es el único que sostiene la casa y... ¡parece un dictador! Lo más triste del caso es que la mujer hace todos los trabajos domésticos, pero él no ve su labor, ni aprecia su contribución.» Yadira Parajón, Venezuela

«Desgraciadamente, muchos hombres todavía se escudan[d] con el cuentecito de que si ellos ayudan en las tareas del hogar, pierden algo de su masculinidad. Paradójicamente, están felices con el hecho de que la mujer haya dejado el hogar para salir a trabajar y compartir los gastos. ¿No es muy embudo?[e] Si los dos trabajan fuera, los dos tienen obligaciones con las tareas de casa... ¡por igual!» Gloria I., Colombia

«Aunque crean que soy de la era de las cavernas,[f] opino que la mujer debe compartir con los gastos del hogar, sólo si es necesario, pero no por eso debe asumir tantas responsabilidades como su pareja.[g] El hombre no debe olvidar nunca que él es el jefe de la casa.» Marcia Quant, Perú

«Yo soy bióloga. Cuando mi novio me dijo que él jamás permitiría que yo me empleara para ayudar con los gastos del hogar, que prefería trabajar veinte horas diarias si era necesario... terminé con él. ¿Por qué? La razón es obvia. Él pensaba que si los dos compartíamos los gastos, los dos tendríamos las mismas obligaciones, pero también los mismos derechos, y no estaba dispuesto a perder "poder" ante mí. Él quería que yo tuviera una actitud dependiente y, por supuesto, sin ninguna autoridad en el hogar.» Olga J., Venezuela

[a]*ruling* [b]*me... made me jump up and down* [c]*slavery* [d]*se... shield themselves* [e]*one-sided, unfair* [f]*de... hopelessly old-fashioned (literally, from prehistoric times)* [g]*partner*

Actividad C   Escritura libre

Escriba una página en estilo libre. En su casa o en la de sus padres o abuelos, ¿cómo están (estaban) divididas las obligaciones domésticas? Intente recordar detalles del mundo doméstico de su familia.

Actividad D   Lectura, una carta

Lea los encabezamientos (*headings*) de los capítulos de *La perfecta casada*. Esta obra, escrita por Fray Luis de León* en 1583, es un manual para el comportamiento ejemplar de una dama española. En él, Fray Luis expone el ideal de la esposa cristiana de su época, basándose en las enseñanzas de la religión católica. Después de leerlo, escriba una carta dirigida a Fray Luis de León—como si estuviera vivo—explicándole las diferencias entre el comportamiento de la mujer del siglo XVI y el de la mujer del siglo XX. (Comience la carta «Muy estimado Fray Luis... »)

> En que se habla de las leyes y condiciones del estado del matrimonio, y de la estrecha obligación que corre[a] a la casada de emplearse en el cumplimiento de ellas.

   I. Algunas advertencias[b] del autor para entrar a tratar de la materia

  II. Cuánto es menester[c] para que una mujer sea perfecta, y lo que debe procurarlo ser la que es casada

 III. Qué confianza ha de engendrar la buena mujer en el pecho del marido, y de cómo pertenece al oficio de la casada la guarda de la hacienda,[d] que consiste en que no sea gastadora

 IV. De la obligación que tienen los casados de amarse y descansarse en los trabajos mutuamente

  V. Por qué se vale el espíritu santo de la mujer de un labrador para dechado[e] de las perfectas casadas, y, cómo todas ellas, por más ricas y nobles que sean, deben trabajar y ser hacendosas[f]

 VI. Declárase qué es ser mujer casera, y del modo que debe acrecentar[g] la hacienda

 VII. Pondérase la obligación de madrugar[h] en las casadas, y se persuade a ello con una hermosa descripción de las delicias que suele traer consigo la mañana. Avísase también que el levantarse temprano de cama ha de ser para arreglar a los criados y proveer a la familia.

VIII. La perfecta casada no sólo ha de cuidar de abastecer[i] su casa y conservar lo que el marido adquiere, sino que ha de adelantar también la hacienda

 IX. Cuánto debe evitar la mujer buena el ocio,[j] y de los vicios y malas resultas que de él nacen

[a]*belongs to* [b]*notes* [c]*necessary* [d]*household* [e]*model* [f]*hard-working* [g]*further the interests of* [h]*to get up early* [i]*supply* [j]*idleness*

---

* Fray Luis de León (1527–1591), escritor y traductor, es considerado la figura más representativa del Renacimiento español.

2. □ El metabolismo empieza a retardarse a los 25 años y el sistema inmunológico empieza a declinar alrededor de los 30 años.

3. □ Las personas mayores en los EE.UU. consumen aproximadamente un tercio de los recursos médicos de este país.

4. □ Para el año 2000 se calcula que la ayuda médica para las personas mayores costará cerca de 200 mil millones[a] de dólares.

5. □ El gobierno federal da demasiada ayuda a los mayores.

6. □ Los *Gray Panthers* tienen aproximadamente 80.000 miembros y tratan de persuadir al Congreso norteamericano de que resuelva el problema de los seguros para los enfermos de la tercera edad[b] y el problema del alto costo de vida.

7. □ Cuando se piensa en la vejez vienen a la mente imágenes de señoras débiles y solas, comiendo comida para gatos.

8. □ En 1987, el 91 por ciento de las personas de más de 65 años recibe del gobierno ayuda financiera que llega en su totalidad a la suma de 13,6 mil millones de dólares.

9. □ De acuerdo con informes de 1986, en los EE.UU. el ingreso[c] anual de las parejas de 65 años y mayores consiste en un total aproximado de 22.000 dólares. Esta cantidad de dinero puede durar mucho si la hipoteca[d] de la casa ha sido pagada y los hijos viven independientemente.

10. □ Los estadounidenses de más de 50 años ganan casi más de la mitad de los ingresos del país.

11. □ Actualmente los ancianos son el grupo de voluntarios más numeroso en las escuelas, hospitales, cárceles y centros artísticos. Ellos han reemplazado a las amas de casa.

12. □ Desde que cumplió 65 años, Hulda Crooks, quien tiene más de 90 años actualmente, ha escalado 97 montañas, siendo la más reciente la montaña sagrada Fuji en el Japón.

13. □ El doctor Jonas Salk (n. 1914) descubrió la vacuna contra la polio en 1952 y ahora hace investigaciones para una vacuna contra el SIDA.[e]

14. □ Cada vez más personas de la tercera edad vuelven a matricularse en las universidades.

15. □ Los asilos de ancianos son cada vez más caros.

16. □ Los hijos que tienen padres en las casas de ancianos deben contribuir económicamente al sostenimiento[f] de éstos.

17. □ En Madrid, se han organizado lugares de diversión para las personas de la tercera edad.

18. □ En Los Ángeles, muchas familias de origen hispánico y asiático acomodan a tres generaciones bajo un mismo techo.

19. □ Muchos comerciantes norteamericanos tratan de vender productos al creciente número de personas de la tercera edad.

20. □ A partir de los 60 años, los estadounidenses reciben descuentos en viajes de autobús, avión y tren.

---

[a]mil... *billion*   [b]la... *senior citizens*   [c]*income*   [d]*mortgage*   [e]*AIDS*   [f]*support*

Actividad C   A escribir según su propia experiencia

Escriba un párrafo sobre una experiencia que haya tenido con ancianos. Identifique a la(s) persona(s). ¿Qué tipo de relaciones tiene Ud. con esa(s) persona(s)? Describa la manera de vivir de esa(s) persona(s).

Actividad D   A escribir, una conjetura

¿Cómo desearía Ud. vivir al llegar a los 75 años?

Actividad E   A leer, a comentar

En un grupo de tres o cuatro compañeros de clase, lea estos tres puntos de vista. ¿Qué opina de estas ideas? ¿Está de acuerdo con sus compañeros?

1. Los hijos deberían estar deseosos de ayudar a sus padres, quienes gastaron miles de dólares y tiempo en su crianza.[a]
2. Éticamente, los hijos deben mantener a sus padres si pueden. Pero, ¿qué pasa si ellos mismos tienen problemas en mantener a su propia familia o pagar sus propios gastos médicos?
3. Me crié en un ambiente donde mi madre era alcohólica y no me dio ninguna ayuda. No creo que ser padre le dé a uno derecho a nada.

[a]*upbringing*

Actividad F   A leer, a comparar

Lea el siguiente recorte del artículo «Adopte a un anciano» de la revista venezolana *Bohemia.** Después escriba un párrafo comparando los problemas que enfrentan los ancianos venezolanos con los de los ancianos estadounidenses.

Pareciera que llegar a la vejez es una especie de castigo en una sociedad mayoritariamente joven.

Los más afortunados cuentan con el cariño y la protección de su familia. Para otros, la realidad es diferente. La vejez se viene encima acompañada casi siempre de enfermedades, desempleo y soledad. Muchos de ellos caen vencidos por esta pesada carga, y así van sumergiéndose en el alcohol y el abandono.

Es muy poca la atención que el Estado le ha prestado a esta situación. Los institutos creados no logran resolver el problema. Ancianatos,[a] Casas Hogares, se convierten así en una especie de refugio. Sin embargo, estas instituciones carecen en su mayoría del presupuesto[b] adecuado para ofrecer, además de hospedaje y alimentación, actividades de recreación, pasando a convertirse en algo así como depósitos de seres humanos.

[a]*Nursing homes* [b]*budget*

---

* *Bohemia,* septiembre, 1987

II. Composición

Escoja una de las siguientes preguntas para escribir un ensayo. Puede explicar su punto de vista basándose en la información de la lista de hechos y opiniones de la Actividad B.

1. ¿Considera Ud. que el cuidado de los ancianos es responsabilidad de la familia o del gobierno?
2. ¿Deben los hijos mayores ser responsables del cuidado y de los gastos médicos de sus padres ancianos cuando éstos ya no pueden mantenerse?

III. Revisión: Guía para revisar la redacción

Use la guía para revisar su ensayo o el de un compañero (una compañera).
Escriba sus comentarios en el ensayo mismo y firme al pie de la última página.

Primer borrador

1. ¿Cuál es la tesis del ensayo? Márquela con un círculo.
2. Ponga una X al lado de cualquier párrafo que no tenga que ver con la tesis.
3. Ponga una estrella (★) al lado de la parte más substancial del ensayo.
4. Al final del ensayo, escriba dos preguntas dirigidas a su compañero/a con respecto a las opiniones de éste/a sobre la vejez.
5. Resuma el ensayo en un párrafo y escríbalo al revés de la página.

Último borrador

1. Repase la puntuación y subraye cualquier caso dudoso.
2. Lea todos los verbos que hay en el ensayo. Analice cada verbo y marque con un asterisco cualquier caso que parezca dudoso. Devuélvale el ensayo a su compañero/a para que consulte a su profesor(a) o su libro de gramática sobre estos casos.

Composición 12
El racismo

I. Antes de escribir

Actividad A   A leer, escritura libre

Lea la lista. Escoja un tema de la lista y escriba sobre éste en estilo libre por diez minutos. No se detenga a pensar.

1. El racismo es la teoría que sostiene la preeminencia de ciertas razas sobre otras.
2. Un racista quemó la puerta del cuarto de un estudiante de la Universidad de Indiana en la residencia estudiantil donde él vivía. También escribió dos palabras en la puerta: *KKK* y *nigger*. El estudiante tenía en su puerta una placa en contra del *apartheid*.
3. Según el escritor argentino, León Pomer, Aristóteles consideraba que los hombres son desiguales en su carácter: de ahí la esclavitud, fenómeno que surge de la naturaleza humana.
4. La causa dominante de la muerte de los hombres negros norteamericanos entre 15 y 44 años es el asesinato.
5. «¡Negros! ¡Negros! ¡Negros! ¡Negros!
   La sangre no tiene puertas en vuestra noche boca arriba.[a]»
   —*fragmento de «El Rey de Harlem», por Federico García Lorca.*

[a]*La... Blood has no barriers in your night face-upward.*

II. Composición

Escriba un ensayo sobre uno de los siguientes temas.

1. Narre una experiencia personal con respecto a algún incidente racista. Incluya detalles y presente su punto de vista respecto al incidente.
2. Use la información que se encuentra en la lista de la Actividad A y su propia opinión para apoyar (*support*) uno de los siguientes puntos de vista.
   a. El racismo es universal.
   b. Con la educación y con mucha paciencia podemos luchar en contra del racismo.

III. Revisión: Guía para revisar la redacción

Use la guía para revisar su ensayo o el de un compañero (una compañera).
Escriba sus comentarios en el ensayo mismo y firme al pie de la última página.

Primer borrador

1. Identifique y subraye la tesis.
2. Ponga entre corchetes ([ ]) las frases que sea necesario omitir o las que se deban modificar para que estén de acuerdo con la tesis.
3. Señale con un asterisco el pasaje más persuasivo del ensayo.
4. Ponga una palomita (✓) al lado de cualquier pasaje o párrafo que no esté claro en el ensayo. Al lado escriba dos preguntas respecto a esta parte.
5. Al final del ensayo, escriba tres preguntas dirigidas a su compañero/a.

Último borrador

1. Ponga un círculo alrededor de las preposiciones **por** y **para,** y analice su uso en cada caso. Consulte a su profesor(a) o su libro de gramática sobre los casos dudosos.
2. Se usa la **a** personal delante de una persona cuando es el objeto del verbo. Lea el ensayo y coloque una **a** donde sea necesario.

EL MUNDO DE LAS LETRAS

Composición 13
El cuento

I. Antes de escribir

«Los tres ositos», «La liebre y la tortuga», «Alicia en el país de las maravillas» y «Los tres cerditos» son todos títulos familiares en el mundo de la literatura infantil. Aunque estos cuentos son fáciles de leer y su vocabulario y estructura son sencillos, su contenido es más profundo de lo que parece. Los cuentos infantiles enseñan y entretienen a la vez.

El cuento en esta unidad, «El Patito Feo», fue escrito por Hans Christian Andersen (1805–1875), quien nació en Dinamarca. Sus cuentos son conocidos universalmente, tanto por niños como por adultos. Su contribución a la literatura infantil es enorme. «El Patito Feo» es una metáfora de la recompensa especial que espera a un ser que es diferente de los demás.

Actividad A   Anticipación a la lectura

1. ¿Qué asociaciones tiene el título «El Patito Feo»? Complete la siguiente rueda de palabras.

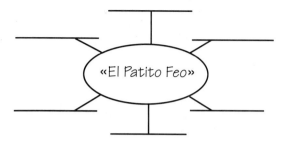

2. Busque estas palabras en un diccionario bilingüe y anote sus varias connotaciones.
   a. la granja
   b. el holgazán
   c. rehuir
   d. despreciado
   e. desfallecido
   f. el pantano
3. El cuento que sigue tiene un final inesperado. ¿Por qué usan los autores la técnica de la sorpresa inesperada al final de los cuentos infantiles?

Actividad B   «El Patito Feo»

En un corral nació un día un patito muy diferente de sus hermanos. Era tan grande, feo y desgarbado que su propia madre se sintió avergonzada de su aspecto.

—No se preocupe —le decían los vecinos—, aunque este patito le ha salido muy feo, los otros son muy hermosos.

Pero algunas risas y burlas de los habitantes de la granja hicieron tanto daño a D.ª Pata que comenzó a tratar muy mal al Patito Feo.

—¡Venga, holgazán! ¡Levántate de una vez! ¡Siempre serás un inútil!

Sus hermanos le rehuían, y en cuanto tenían la menor oportunidad, le insultaban.

—¿Cómo se puede estar tan mal hecho?

—Apártate de mi lado. Ofendes a la vista.

—Lo mejor sería que te fueras del corral.

No es difícil imaginar el sufrimiento del Patito Feo. Las burlas en el
15   corral, de las que D.ª Vaca y el Sr. Cerdo eran los principales instigadores,
fueron convirtiéndose paso a paso en rechazo y el Patito se fue sintiendo
cada vez más solo y despreciado.

—¿De verdad queréis que me vaya?

—Mira, tú no tienes la culpa, pero tu presencia nos fastidia.

20   Sin poder soportarlo más, el Patito Feo decidió marcharse del corral con
lágrimas en los ojos. Era otoño cuando empezó su larga andadura y durante
muchos días sólo siguió encontrando incomprensión y crueldad entre
quienes se cruzaron en su camino. Una tarde sintió que el cansancio y el
hambre le vencían y cayó desfallecido junto a un pantano.

25   Al abrir los ojos vio un pato salvaje que le miraba fijamente.

—Pero, ¿de dónde sales? ¿de qué raza eres?

El Patito Feo le contó su historia y vio cómo el otro entristecía al oírle.

—Bueno, a nosotros no nos estorbas. Puedes quedarte en el pantano.

El Patito se emocionó ante aquella muestra de afecto y vivió feliz junto a
30   los patos salvajes. Pero una mañana, un grupo de cazadores les atacaron,
matando a todos sus compañeros. Al Patito Feo sólo le salvó su rareza.

Un día vio pasar unos cisnes y súbitamente uno de ellos le dijo.

—¿Qué haces aquí, hermano? Reúnete con nosotros.

Sorprendido, el Patito Feo se miró en el agua y descubrió que se había
35   convertido en el más bello cisne, al que todos admiraban.

Actividad C   Escritura libre

1. En dos párrafos describa al Patito Feo antes de su conversión en cisne.
   Piense en el aspecto sicológico y describa en detalle las emociones del
   Patito Feo. Considere el aspecto físico de éste y descríbalo como si estuviera delante de Ud.
2. En dos párrafos describa a la madre del Patito Feo, doña Pata. Piense
   en el aspecto sicológico y describa detalladamente sus sentimientos por
   su hijo. Considere el aspecto físico de doña Pata y descríbala también.

Actividad D   A recontar el cuento

Evoque la experiencia del Patito Feo siguiendo las instrucciones a continuación.

1. Escriba de nuevo las primeras líneas del cuento desde el punto de vista
   del Patito Feo. Mientras escribe, considere el estado de ánimo del Patito
   Feo al nacer y experimentar el rechazo por su forma de ser. Describa las
   relaciones del Patito con su madre desde una perspectiva sicológica.
2. Ahora siempre desde el punto de vista del Patito, reescriba las últimas
   líneas del cuento. Describa la reacción de éste al verse convertido en un
   cisne tan bello.

II. Composición

Redacte todo el cuento desde el punto de vista del Patito Feo. Al escribir, trate de ponerse en el lugar del Patito Feo para recrear lo que él experimenta, y piense como si Ud. viviera la experiencia de nacer, sufrir y convertirse en cisne.

III. Revisión: Guía para revisar la redacción

Use la guía para revisar su propio cuento o el de un compañero (una compañera). Escriba sus comentarios en el cuento mismo y firme al pie de la última página.

Primer borrador

1. Ponga entre corchetes ([ ]) el párrafo mejor desarrollado.
2. Señale con un asterisco los dos puntos que necesiten más explicaciones. Apunte sus sugerencias al margen.
3. Escriba al revés de la página tres sugerencias para ampliar la descripción sicológica o física de los personajes.

Último borrador

1. Revise la puntuación y escriba «P» al lado de cualquier caso dudoso.
2. Subraye todos los usos de los verbos **ser** y **estar**. Escriba al margen cualquier verbo que le parezca más eficaz para reemplazar a **ser** o **estar**.

Actividad E   Comentario oral

Lea y compare su cuento con el de un compañero (una compañera) de clase. Oralmente hagan una lista de los puntos que tienen en común los dos cuentos y las diferencias. Por ejemplo, ¿quién describió el Patito Feo más trágicamente y por qué? Después reporten el resultado de sus comentarios a la clase.

Composición 14
El ensayo crítico

 ## I. Antes de escribir

En este capítulo Ud. tendrá que escribir un ensayo crítico sobre una película de su propia selección.

Actividad A   Una lectura rápida, análisis

Fíjese en la siguiente reseña de *El País* sobre la película *Robin Hood, el magní-fico*. El objeto de leer esta reseña no es entender cada detalle sino sacar el contenido de la reseña por medio de las preguntas periodísticas. Después de una lectura rápida, responda a las preguntas en la página 180.

CINE

«ROBIN HOOD, EL MAGNIFICO»
Robin 'bluff'

Robin Hood, el magnífico

Director: John Irvin. Guión: Sam Resnick y John McGrath. Producción: EE UU. Intérpretes: Patrick Bergin, Uma Thurman, Jürgen Prochnow, Edward Fox, Jeroen Krabbe. Estados Unidos, 1991. Salas de estreno en Madrid: Callao, Roxy A, Carlos III, La Vaguada, Liceo, Victoria, Ciudad Lineal, Consulado.

TONY PARTEARROYO

Desde que el ilustre proscrito[a] de los bosques de Sherwood apareció por primera vez en una pantalla, en 1908, no ha pasado una década que no haya visto nacer uno o varios Robin Hood cinematográficos. Las versiones del personaje se cuentan por decenas,[b] pero sobre todo tres de ellas —la de Allan Dwan, con Douglas Fairbanks, rodada en 1922; la de Michael Curtiz y William Keighley, con Errol Flynn, realizada en 1938, y, a cierta distancia, *Robin y Marian,* de Richard Lester, con Sean Connery, de 1976— pueden considerarse joyas en su género.

El lanzamiento[c] simultáneo de dos nuevas versiones del mito *made in Hollywood* ha creado una expectación que, al menos en el caso de la película de John Irvin, se ve muy poco justificada. *Robin Hood, el magnífico* es un mediocre filme de aventuras que no sólo no aporta nada nuevo al personaje, sino que además juega sucio con el espectador.

En primer lugar, se hace pasar por original un guión[d] que se limita a retomar,[e] con ligeras modificaciones, la estructura argumental de *Robin de los bosques,* el filme de Curtiz y Keighley, readaptándola a un presupuesto[f] relativamente modesto (15 millones de dólares) y disfrazando[g] la operación con un supuesto[h] enfoque *realista.* No existe una interpretación personal de la leyenda, sino una apropiación[i] poco imaginativa de ideas ajenas. A pesar del cambio de nombre de algunos personajes, hay numerosas secuencias —como el enfrentamiento inicial del protagonista con los caballeros normandos[j] a causa de un cazador furtivo, el duelo de Robin con Little John, el reclutamiento[k] del fraile Tuck, la primera emboscada[l] en los bosques de Sherwood— directamente extraídas de la versión citada, pero repetidas aquí con escasa inspiración.

Soluciones económicas

El trabajo de los guionistas se reduce a buscar soluciones económicas para sustituir las escenas más espectaculares y caras de *Robín de los bosques.* Esta labor de poda o de refundición[ll] no siempre se lleva a cabo con el rigor suficiente, y a veces provoca graves incoherencias en el relato.

Ni Patrick Bergin, como Robin Hood, ni Jürgen Prochnow y Jeroen Krabbe, como los villanos normandos, tienen el fuste[m] suficiente para sostener la función. Sólo la voluntariosa Uma Thurman, en su papel de lady Marian, logra, a duras penas, salvarse del desastre.

Lo más irritante, con todo, es la realización de John Irvin —el director de *Historia macabra* y *La colina de la hamburguesa*—, que, sobre todo en las escenas de acción, se sirve de todo tipo de triquiñuelas[n] ópticas y de un montaje de vídeo musical para engañar al espectador y disimular[ñ] las limitaciones de presupuesto. A pesar de mover la cámara continuamente o de recurrir[o] una y otra vez a encuadres insólitos,[p] Irvin se muestra incapaz de dotar[q] de fuerza y dinamismo a sus secuencias, y las supuestas *pièce de résistence,* como el asalto al castillo por los proscritos (pobre y embarullado[r]) o el inevitable duelo final (resuelto con una notable pereza mental), se quedan en agua de borrajas.[s] El resultado acaba siendo un penoso ejemplo de quiero y no puedo.

---

[a] *outlaw* [b] *por... by tens* [c] *release* [d] *script* [e] *copy* [f] *budget* [g] *disguising* [h] *supposed* [i] *adaptation* [j] *Norman* [k] *recruitment* [l] *ambush*
[ll] *de... of trimming or revision* [m] *substance* [n] *trickery* [ñ] *conceal* [o] *to resort to* [p] *encuadres... unusual frames* [q] *providing* [r] *carelessly done*
[s] *agua... trifle, inconsequential matter*

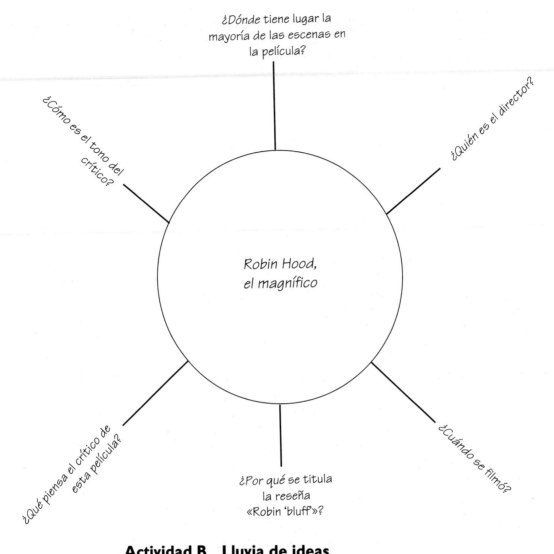

Actividad B Lluvia de ideas

Con un compañero (una compañera) de clase escriba una lista de diez a quince puntos que deben considerarse al hacer la reseña de cualquier película. (Cierre el libro para no sacar las ideas del texto, sino de su propia cabeza.)

Actividad C Lectura, rueda de palabras

Lea la reseña de la película *El beso de la mujer araña* (*Kiss of the Spider Woman*), que apareció en la revista española de cine *Reseña de literatura, arte y espectáculos*. El contexto cultural, la complejidad de la película y el lenguaje técnico de la reseña ofrecerán un reto (*challenge*) formidable al lector. Primero, haga una lectura rápida y después complete la rueda de palabras.

EL BESO DE LA MUJER ARAÑA

Osmosis fascinante

La excelencia de esta película es producto de varios factores acertadamente conjuntados[a] entre sí, gracias al entusiasmo y la intuición artística. Muchos eran también los escollos por sortear.[b] El argumento era ya relativamente conocido, no sólo por la exitosa[c] novela homónima[d] (1976) del argentino Manuel Puig (n. 1933), sino por su posterior versión teatral (1979). De otra parte, había que aunar[e] un equipo heterogéneo y transnacional de intérpretes y realizadores para una doble versión original: inglesa y brasileña.

Sin embargo, la chispa[f] de genio del trotamundos[g] argentino Héctor Babenco (n. 1946) con éxitos comerciales a su espalda como **Rei da noite** (1976) o **Lucio Flavio** (1978) y aciertos[h] de crítica como **Pixote** (1980) ha conseguido el "milagro". En él ha colaborado de forma muy esencial el maravilloso e impecable guión del norteamericano Leonard Schrader (n. 1943), al haber adaptado con paciencia de mosaico y lucidez de visión, el estilo plástico y dinámico del tema original. Finalmente, el trío de protagonistas consigue impactar y a veces emocionar al espectador. En resumidas cuentas, pues, una obra inspirada, valiente y original, a la que ha faltado muy poco para llegar a la auténtica maestría.

Monotonía e incluso sordidez eran los peligros que amenazaban[i] al argumento de **El beso de la mujer araña**. El escenario fundamental de la obra es una celda infecta[j] de una cárcel de Sao Paulo (Brasil). En ella habitan dos presidiarios:[k] Luis Molina, preso común y homosexual, condenado a siete años por corrupción de menores y Valentín Arregui, preso político, considerado como muy peligroso por la dictadura de turno. Son dos vidas y dos historias que se confrontan radicalmente en su obligada convivencia.[l] Idealismo contra vulgaridad; palabrería[ll] contra silencio. Molina fantasea, relatando películas vistas o imaginadas. Arregui escucha, desconfiando[m] de todo y de todos. Casi dos largos tercios[n] de la película discurren[ñ] en la celda con un panorama cerrado y amenazante que sólo permite atisbar por las rendijas de[o] la puerta un espectáculo de represión y vulgaridad. ¿Cómo ha sido posible conseguir un relato cinematográfico cien por cien y además libre y suelto como el vuelo de un pájaro?

El secreto ha consistido, ante todo, en alternar habilidosamente los "tiempos" de la narración. El **presente** real con sus fases de cárcel y excarcelación, se contrapuntea[p] constantemente con secuencias breves del **pasado**, también real, de ambos reclusos y la explicación de sus condenas.[q] Entre ellas, además, se introduce un tercer tiempo **imaginario** y doble. Molina cuenta a su compañero dos películas: la primera "real" que le fascinó en otro tiempo. La segunda totalmente inventada que es proyección de sus ilusiones, cuyos protagonistas son la mujer araña y su compañero de penas y fatigas. Con estas películas incrustadas[r] en "la" película, todos escapan de la monotonía: prisioneros y espectadores.

El acierto es total. El primer film narrado por Molina es un viejo relato sobre la resistencia francesa ante la ocupación nazi. En ella se simultanean el heroísmo, la traición, el amor y la muerte. Son precisamente los mismos temas que merodean[s] en la celda. La habilidad del guionista y director consiste en ir ofreciendo de forma dosificada datos informativos que, por su analogía, introducen progresivamente al espectador en la trama[t] real. Esta se acelera al revelarse las claves que descubren la situación real de ambos presidiarios, cuando una corriente de mutua simpatía ha superado[u] el rechazo inicial. La segunda película, inventada por el mismo Molina, servirá para redondear la cartasis o purificación final, tras un desenlace trágico, lleno de originalidad y dramatismo.

El carácter marginal y tenebroso[v] de **El beso de la mujer araña,** por lo demás tan típico en la obra de Babenco, encuentra un excepcional trío de protagonistas, bien secundados por el resto del reparto.[w] William Hurt (n. 1950) es quien brilla a mayor altura, al encarnar[x] al complejo personaje de Molina. Su papel fronterizo[y] y amenazado de continua inestabilidad sentimental, es desempeñado[z] por una riquísima gama[aa] dramática y una elocuencia convincente. Difícilmente se habrá

[a]*united* [b]*escollos... obstacles to avoid* [c]*successful* [d]*by the same name* [e]*bring together* [f]*spark* [g]*globetrotter* [h]*successes* [i]*threatened*
[j]*foul* [k]*convicts* [l]*life together* [ll]*chatter* [m]*distrusting* [n]*thirds* [ñ]*take place* [o]*atisbar... watch through the cracks* [p]*se... contrasts*
[q]*sentences* [r]*inlaid* [s]*explore* [t]*plot* [u]*surpassed* [v]*dark* [w]*cast* [x]*al... embodying* [y]*unconventional* [z]*performed* [aa]*range*

llevado a la pantalla con mayor elegancia y pulso más sostenido la estampa de un homosexual, hijo único y mimado por su madre, en su evolución interna desde la vulgaridad al heroísmo. El premio de interpretación en Cannes (1985) y el "oscar" específico de Hollywood (1986) son, en este caso, para justicia. Raúl Julia, por su parte, acredita también una gran preparación profesional, al encarnar la figura del preso político, más preocupado de sus convicciones y sus fidelidades que por su misma situación miserable. Finalmente, la actriz Sonia Braga en su triple papel de Marta, la amante de Aguirre (tiempo real), de Leni, la espía francesa (tiempo de ficción) y de la fascinadora "mujer araña" (tiempo onírico[a]), resulta simplemente extraordinaria. La joven brasileña, hasta ahora una intérprete de segunda categoría y sólo famosa por su belleza y su exhibición en "pornochanchadas"[b] o películas fronterizas entre la comercialidad y el "porno" suave, se redime de su mediocre pasado entrando en la órbita de las grandes estrellas. Su mayor éxito comercial en **Doña Flor y sus dos maridos** (1976) de Bruno Barreto (n. 1953) queda rele-

gado al olvido con esta magistral y difícil actuación en tres papeles tan diversos. El resto del reparto acompaña digna y funcionalmente al trío protagonista lo mismo que los aspectos técnicos del film, perfectamente subordinados, como debe ser, a la intuición original y a su brillante desarrollo.

El beso de la mujer araña resulta, por todo lo dicho, una película muy fuera de lo común. Su gran repercusión internacional viene a demostrar de nuevo cómo es posible realizar cine espléndido en una época en que se ha hecho tópico hablar de la crisis del "séptimo arte". La lección de una gran creación narrativa, de un guión extraordinario, de un montaje[c] ágil y desenvuelto[d] y de una interpretación elocuente y expresiva que sabe sortear un argumento lúbrico[e] y resaltar hondos[f] valores humanos, muestra el camino por donde necesariamente tiene que marchar toda cinematografía auténtica que se precie de tal.[g] ■

Manuel Alcalá

[a]pertaining to dreams   [b]soft porn films   [c]montage   [d]bold   [e]sortear... to dodge a salacious subject   [f]resaltar... emphasize deep
[g]que... that boasts of being such

Actividad D   A analizar la reseña

Complete el siguiente cuadro de la reseña sobre *El beso de la mujer araña.*

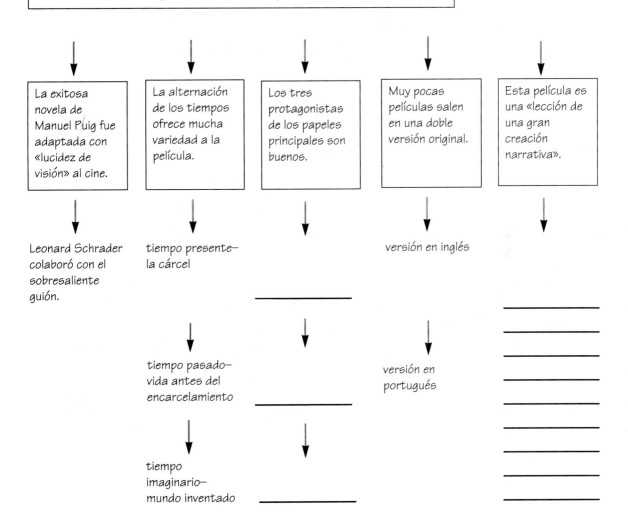

Tesis: *El beso de la mujer araña* resulta una película muy fuera de lo común.

| La exitosa novela de Manuel Puig fue adaptada con «lucidez de visión» al cine. | La alternación de los tiempos ofrece mucha variedad a la película. | Los tres protagonistas de los papeles principales son buenos. | Muy pocas películas salen en una doble versión original. | Esta película es una «lección de una gran creación narrativa». |

Leonard Schrader colaboró con el sobresaliente guión.

tiempo presente— la cárcel

versión en inglés

tiempo pasado— vida antes del encarcelamiento

versión en portugués

tiempo imaginario— mundo inventado

Actividad E   Ver una película, sacar apuntes

En esta actividad Ud. tendrá que ver una película. Si es posible, escoja una que haya visto antes para que pueda prestar más atención a los detalles. Antes de ver la película por segunda vez, lea las preguntas e indicaciones a continuación. De ser posible, tome apuntes de las escenas o sucesos importantes mientras ve la película.

1. Datos
   a. ¿Cuál es el título de la película?
   b. ¿Quién es el director (la directora)?
   c. ¿En qué año se filmó?

2. Primeras impresiones
    a. ¿Qué es lo más impresionante, extraño o notable de esta película? ¿Qué es lo primero que le viene a la mente cuando piensa en la película?
    b. ¿Cuál fue su primera reacción a la película? (Por ejemplo, ¿la encontró aburrida, deprimente, divertida, encantadora, emocionante, espectacular, extraña, incomprensible, trillada [*trite*]?)
3. Visión general
    a. Resuma en un párrafo el argumento de la película.
    b. Describa cada uno de los personajes principales.
4. Análisis
    a. ¿Cuál es la idea central de la película?
    b. ¿Qué técnicas cinematográficas se usan en la película para desarrollar el tema?
    c. ¿Cuáles son los aspectos más fascinantes de la película?
    d. ¿Cuáles son los aspectos más desagradables?
    e. ¿En qué falla la película?
    f. ¿Cómo se compara esta película con otras de temas similares?
    g. ¿A quiénes les gustaría esta película y por qué?

II. Composición

Repase los apuntes que tiene de la Actividad E y escriba un ensayo crítico de la película. Considere los temas, las ideas o los valores que comunica la película y las técnicas que se utilizan para presentarlos. Organice su ensayo alrededor de una tesis.

MODELOS: Algunas tesis

The Night of the Hunter es un clásico olvidado y una prueba más de cómo el arte supera los límites del tiempo y acaba por revalorizarse tarde o temprano.*

En la serie de películas sobre Indiana Jones, el protagonista se revela como un consumado aventurero y nos enseña que durante la búsqueda de la verdad es necesario escoger entre las fuerzas del bien y del mal.

A pesar de que el personaje principal es de otro planeta, en *E.T.* se ven todos los valores convencionales tradicionalmente norteamericanos: la amistad, la familia y el hogar.

---

* «Un clásico olvidado», *Reseña de literatura, arte y espectáculos*, junio, 1986

Note que los títulos de las películas se deben poner en bastardilla. Si el título está en inglés, no tiene que traducirlo al español, a menos que sepa la traducción oficial del título, como *Lo que el viento se llevó* (*Gone With the Wind*).

Antes de escribir, fíjese en estas palabras útiles para su ensayo: actuación (*performance*), argumento, desenlace (*ending*), guión (*script, screen play*), hacer un papel (*to play a role*), personaje, protagonista, público (*audience*), reparto (*cast*).

III. *Revisión: Guía para revisar la redacción*

Use la guía para revisar su ensayo o el de un compañero (una compañera). En una hoja aparte escriba sus comentarios.

Primer borrador

1. ¿Cuál es la tesis del ensayo? Cópiela en su hoja.
2. En el ensayo mismo ponga entre paréntesis el resumen del argumento de la película y subraye las partes del resumen que son irrelevantes a la tesis. Después escriba unas frases comentando el resumen, ¿está completo o le falta algo?
3. Localice las descripciones de los lugares, personajes y escenarios e indique al margen de la página dónde se podría agregar otros detalles para ampliar esas descripciones. Escriba los nombres de los personajes en su hoja.
4. Si Ud. ha visto la película, ¿está de acuerdo con la crítica de su compañero/a? Si no la ha visto, ¿le gustaría ver la película después de leer este análisis? ¿Por qué sí o por qué no?
5. Ponga un asterisco en las tres oraciones que necesitan ser revisadas porque no están claras. En su propia hoja, escriba tres preguntas tocante a las oraciones señaladas.

Último borrador

1. Se usa la **a** personal delante de una persona cuando ésta es el objeto del verbo. Lea la reseña y coloque una **a** donde sea necesario.
2. Lea todos los títulos en el ensayo. Revíselos fijándose en el uso apropiado de las mayúsculas y minúsculas. Marque con un asterisco cualquier caso que parezca dudoso. Devuélvale el ensayo a su compañero/a para que consulte a su profesor(a) o su libro de gramática sobre estos casos.

Composición 15
El desenlace

I. Antes de escribir

Actividad A   Introducción al autor

Horacio Quiroga (1878–1937), escritor uruguayo, escribió novelas, ensayos y artículos periodísticos, pero sobresalió por sus cuentos. Vivió sus años universitarios en Montevideo, la capital. Luego decidió instalarse en Buenos Aires. En 1903, estando en la capital argentina, fue enviado a la provincia de Misiones en el norte del país. Este hecho fue decisivo en la vida y en la obra literaria de Quiroga, quien experimentó la naturaleza de una forma tan intensa que ésta llegó a ser un gran tema en muchos de sus relatos. Al volver a Buenos Aires, fue profesor de literatura y funcionario (*official*) consular de Uruguay. Siguió su vida literaria escribiendo y asistiendo a las reuniones de grupos literarios. Su creación literaria puede apreciarse en el tormentoso proceso de sus relaciones personales. Se casó dos veces. El primer matrimonio acabó con el suicidio de su esposa y el segundo, con el suicidio de Quiroga mismo. Su vida fue tan dramática e intensa como su literatura, en la que se entremezclan temas de amor, de locura y de muerte.

Actividad B A considerar el cuento *de efecto*

Entre los cuentos quirogueanos que mejor ejemplifican el efecto de horror muy semejante a la manera de Edgar Allan Poe, se encuentra «El almohadón de plumas» (1907). «El almohadón de plumas» es un cuento *de efecto*—un cuento de técnica muy laboriosa y prolongada que lleva al lector hacia un fin imprevisible o incierto. Todos los detalles tienen un ritmo constante de tensión, que producen un ambiente de misterio, enigmático hasta el final del cuento. Al final, el desenlace inesperado normalmente revela un aspecto horripilante y aterrador.

Ahora responda a estas preguntas con tres o cuatro compañeros de clase. ¿Ha leído alguna vez algún cuento *de efecto*? ¿Cómo se llama? Nombre algunas películas, programas en la televisión, novelas o cuentos que empleen la técnica *de efecto*. Apúntelos y repórtelos a la clase.

Actividad C Antes de leer, a definir

Si es necesario, busque las siguientes palabras en el diccionario. Apunte sus varios significados.

1. sollozo
2. desmayo
3. vómito

4. desangrar
5. desplomar

Sabiendo sólo estas palabras y el título, escriba una o dos frases en que diga de qué cree que trata el cuento.

Actividad D Identificando detalles

Ahora lea sólo el primer párrafo del cuento de Quiroga e identifique los siguientes detalles.

1. Una luna de miel como «un largo escalofrío» parece...
   a. señalar la pasión entre los esposos.
   b. romántica.
   c. indicar la falta de pasión.

2. «Las soñadas niñerías de novia» son...
   a. ilusiones que tienen muchas mujeres antes de casarse.
   b. pesadillas (*nightmares*) detalladas.
   c. realidades de un matrimonio típico.
3. Jordán estaba «mudo desde hacía una hora» probablemente quiere decir que...
   a. él no tenía voz.
   b. tenía un carácter abierto.
   c. no conversaba durante este rato.
4. «La amaba profundamente» significa que...
   a. su amor tenía límites.
   b. la quería mucho.
   c. no la adoraba.*

Actividad E   El cuento

Lea este fragmento del cuento «El almohadón de plumas». Falta el desenlace y Ud. tendrá la oportunidad de leerlo más tarde, después de desarrollar su propia teoría en cuanto al final del cuento. Mientras lee «El almohadón de plumas», subraye cualquier palabra o frase difícil para la que no se haya dado explicación.

El almohadón de plumas

Su luna de miel fue un largo escalofrío.[a] Rubia, angelical y tímida, el carácter de su marido heló sus soñadas niñerías de novia.[b] Ella lo quería mucho, sin embargo, aunque a veces con un ligero estremecimiento[c] cuando volviendo de noche juntos por la calle, echaba una furtiva
5   mirada a la alta estatura de Jordán, mudo desde hacía una hora. Él, por su parte, la amaba profundamente, sin darlo a conocer.[d]

Durante tres meses —se habían casado en abril—, vivieron una dicha[e] especial. Sin duda hubiera ella deseado menos severidad en ese rígido cielo de amor; más expansiva e incauta[f] ternura; pero el impasible semblante[g] de
10   su marido la contenía siempre.

La casa en que vivían influía no poco en sus estremecimientos. La blancura del patio silencioso —frisos,[h] columnas y estatuas de mármol— producía una otoñal impresión de palacio encantado. Dentro, el brillo glacial del estuco, sin el más leve rasguño[i] en las altas paredes, afirmaba aquella
15   sensación de desapacible frío. Al cruzar de una pieza a otra, los pasos

[a]*shiver, shudder* [b]*heló... shattered her childish dreams of a bride* [c]*shiver, tremble* [d]*sin... without making it known* [e]*happiness* [f]*incautious* [g]*face* [h]*friezes* [i]*scratch*

---

hallaban eco en toda la casa, como si un largo abandono hubiera sensibilizado su resonancia.

En ese extraño nido[a] de amor, Alicia pasó todo el otoño. Había concluido, no obstante, por echar un velo sobre sus antiguos sueños, y aun vivía dormida en la casa hostil, sin querer pensar en nada hasta que llegaba su marido.

No es raro que adelgazara.[b] Tuvo un ligero ataque de influenza que se arrastró[c] insidiosamente días y días; Alicia no se reponía[d] nunca. Al fin una tarde pudo salir al jardín apoyada en el brazo de su marido. Miraba indiferente a uno y otro lado. De pronto Jordán, con honda ternura, le pasó muy lento la mano por la cabeza, y Alicia rompió en seguida en sollozos,[e] echándole los brazos al cuello. Lloró largamente todo su espanto[f] callado, redoblando el llanto a la más leve caricia de Jordán. Luego los sollozos fueron retardándose, y aun quedó largo rato escondida en su cuello, sin moverse ni pronunciar palabra.

Fue ése el último día que Alicia estuvo levantada. Al día siguiente amaneció desvanecida.[g] El médico de Jordán la examinó con suma atención, ordenándole calma y descanso absolutos.

—No sé—le dijo a Jordán en la puerta de calle—. Tiene una gran debilidad que no me explico. Y sin vómitos, nada... si mañana se despierta como hoy, llámeme en seguida.

Al día siguiente Alicia amanecía peor. Hubo consulta. Constatóse[h] una anemia de marcha agudísima, completamente inexplicable. Alicia no tuvo más desmayos,[i] pero se iba visiblemente a la muerte. Todo el día el dormitorio estaba con las luces prendidas y en pleno silencio. Pasábanse horas sin que se oyera el menor ruido. Alicia dormitaba.[j] Jordán vivía casi en la sala, también con toda la luz encendida. Paseábase sin cesar de un extremo a otro, con incansable obstinación. La alfombra ahogaba[k] sus pasos. A ratos entraba en el dormitorio y proseguía su mudo vaivén[l] a lo largo de la cama, deteniéndose un instante en cada extremo a mirar a su mujer.

Pronto Alicia comenzó a tener alucinaciones, confusas y flotantes al principio, y que descendieron luego a ras del suelo. La joven, con los ojos desmesuradamente abiertos, no hacía sino mirar la alfombra a uno y otro lado del respaldo[ll] de la cama. Una noche quedó de repente con los ojos fijos. Al rato abrió la boca para gritar, y sus narices y labios se perlaron de sudor.

—¡Jordán! ¡Jordán!—clamó, rígida de espanto, sin dejar de mirar la alfombra.

Jordán corrió al dormitorio, y al verlo aparecer Alicia lanzó un alarido[m] de horror.

—¡Soy yo, Alicia, soy yo!

Alicia lo miró con extravío,[n] miró la alfombra, volvió a mirarlo, y después de largo rato de estupefacta confrontación, volvió en sí.[ñ] Sonrió y

---

[a]*nest* [b]*que... that she lost weight* [c]*se... dragged on* [d]*se... recovered* [e]*sobs* [f]*terror* [g]*amaneció... she woke up dizzy* [h]*It was diagnosed as* [i]*fainting spells* [j]*dozed* [k]*muffled* [l]*proseguía... he continued his mute pacing* [ll]*headboard* [m]*shriek* [n]*con... disoriented* [ñ]*volvió... came to her senses*

tomó entre las suyas la mano de su marido, acariciándola por media hora temblando.

60   Entre sus alucinaciones más porfiadas,[a] hubo un antropoide[b] apoyado en la alfombra sobre los dedos, que tenía fijos en ella los ojos.

Los médicos volvieron inútilmente. Había allí delante de ellos una vida que se acababa, desangrándose[c] día a día, hora a hora, sin saber absolutamente cómo. En la última consulta Alicia yacía[d] en estupor mientras ellos la 65   pulsaban, pasándose de uno a otro la muñeca[e] inerte. La observaron largo rato en silencio, y siguieron al comedor.

—Pst... —se encogió de hombros desalentado el médico de cabecera.[f] —Es un caso inexplicable... Poco hay que hacer.

—¡Sólo eso me faltaba!— resopló Jordán. Y tamborileó[g] bruscamente la 70   mesa.

Alicia fue extinguiéndose en subdelirio de anemia, agravado de tarde, pero que remetía[h] siempre en las primeras horas. Durante el día no avanzaba su enfermedad, pero cada mañana amanecía lívida, en síncope[i] casi. Parecía que únicamente de noche se le fuera la vida en nuevas oleadas de 75   sangre. Tenía siempre al despertar la sensación de estar desplomada[j] en la cama con un millón de kilos encima. Desde el tercer día este hundimiento no la abandonó más. Apenas podía mover la cabeza. No quiso que le tocaran la cama, ni aun que le arreglaran el almohadón. Sus terrores crepusculares avanzaban ahora en forma de monstruos que se arrastraban hasta la cama, y 80   trepaban[k] dificultosamente por la colcha.[l]

---

[a]*persistent* [b]*ape-like figure* [c]*losing blood* [d]*lay* [e]*wrist* [f]*médico... attending physician* [g]*banged*
[h]*slackened* [i]*fainting spell* [j]*collapsed* [k]*climbed up* [l]*bedspread*

Actividad F   Preguntas y respuestas

En grupos de tres o cuatro compañeros responda a estas preguntas.

1. ¿Cómo fue la luna de miel de Alicia? ¿Por qué?
2. ¿Cuánto tiempo llevan casados Jordán y Alicia?
3. ¿Cómo era la casa de los recién casados?
4. ¿Cómo empezó la enfermedad de Alicia?
5. ¿Cómo describiría Ud. las relaciones entre Jordán y su mujer?
6. ¿Cuáles eran los consejos del médico?
7. ¿Qué alucinaciones tenía Alicia?
8. ¿Cómo reaccionó Jordán al verla empeorar cada día?

Actividad G   A resumir

Resuma en un párrafo la parte del cuento que acaba de leer.

Actividad H   Rueda de palabras

¿Cuáles son las características personales de Jordán?

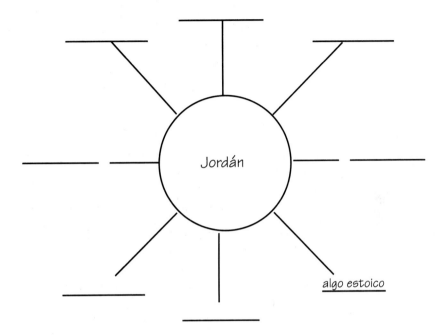

Actividad I   Lluvia de ideas

Con un compañero (una compañera) de clase, escriba una lista de cinco a ocho frases dando posibles explicaciones para la enfermedad de Alicia.

 ## II. *Composición*

Invente un desenlace del cuento «El almohadón de plumas» en tres o cuatro párrafos. Trate de seguir el estilo *de efecto*.

III. *Revisión: Guía para revisar la redacción*

Use la guía para revisar su ensayo o el de un compañero (una compañera).
Escriba sus comentarios en el ensayo mismo y firme al pie de la última página.

Primer borrador

1. Subraye cualquier párrafo o pasaje que necesite una descripción más detallada.
2. Donde crea que haya necesidad, coloque palabras descriptivas (adjetivos, adverbios) al margen de la página.
3. Ponga signos de exclamación (¡ !) en la parte más interesante.
4. Escriba al revés de la página, en un párrafo, sus comentarios sobre la composición de su compañero/a. ¿Es verosímil (*believable*) o no? ¿Por qué?
5. ¿Sigue el desenlace el estilo *de efecto*? ¿Por qué?

Último borrador

1. Revise los usos del pretérito y el imperfecto. Marque con un asterisco cualquier caso que parezca dudoso.
2. Lea el desenlace de nuevo buscando errores ortográficos. Márquelos con una palomita (✓) y devuélvale la composición a su compañero/a para que la revise.

Actividad J   El desenlace de Quiroga

Lea el verdadero desenlace de «El almohadón de plumas».

> Perdió luego el conocimiento. Los dos días finales deliró sin cesar a media voz. Las luces continuaban fúnebremente encendidas en el dormitorio y la sala. En el silencio agónico de la casa no se oía más que el delirio monótono que salía de la cama, y el sordo retumbo[a] de los
> 5 eternos pasos de Jordán.
>
> Alicia murió, por fin. La sirvienta, cuando entró después de deshacer la cama, sola ya, miró un rato extrañada el almohadón.
>
> —¡Señor! —llamó a Jordán en voz baja—. En el almohadón hay manchas[b] que parecen de sangre.
>
> 10 Jordán se acercó rápidamente y se dobló sobre aquél. Efectivamente, sobre la funda,[c] a ambos lados del hueco[d] que había dejado la cabeza de Alicia, se veían manchitas oscuras.
>
> [a]*echo* [b]*stains* [c]*pillowcase* [d]*depression*

—Parecen picaduras[a]— murmuró la sirvienta después de un rato de inmóvil observación.

15 —Levántalo a la luz— le dijo Jordán.

La sirvienta lo levantó; pero enseguida la dejó caer y se quedó mirando a aquél, lívida y temblado. Sin saber por qué, Jordán sintió que los cabellos se le erizaban.[b]

—¿Qué hay?— murmuró con la voz ronca.[c]

20 —Pesa mucho— articuló la sirvienta sin dejar de temblar.

Jordán lo levantó; pesaba extraordinariamente. Salieron con él, y sobre la mesa del comedor Jordán cortó funda y envoltura de un tajo.[d] Las plumas superiores volaron, y la sirvienta dio un grito de horror con toda la boca abierta, llevándose las manos crispadas a los bandós:[e] sobre el fondo, en-

25 tre las plumas, moviendo lentamente las patas velludas,[f] había un animal monstruoso, una bola viviente y viscosa. Estaba tan hinchado[g] que apenas se le pronunciaba la boca.

Noche a noche, desde que Alicia había caído en cama, había aplicado sigilosamente[h] su boca —su trompa, mejor dicho— a las sienes[i] de aquélla,

30 chupándole[j] la sangre. La picadura era casi imperceptible. La remoción[k] diaria del almohadón sin duda había impedido al principio su desarrollo; pero desde que la joven no pudo moverse, la succión fue vertiginosa.[l] En cinco días, en cinco noches, había el monstruo vaciado[ll] a Alicia.

Estos parásitos de las aves, diminutos en el medio habitual, llegan a

35 adquirir en ciertas condiciones proporciones enormes. La sangre humana parece serles particularmente favorable, y no es raro hallarlos en los almohadones de pluma.

---

[a]*bites* [b]*los... his hair was standing on end* [c]*hoarse* [d]*de... with a slash* [e]*llevándose... covering her face with her clenched fists* [f]*hairy* [g]*swollen* [h]*secretly* [i]*temples* [j]*sucking* [k]*removal* [l]*accelerated* [ll]*emptied*

Apéndice 1

Grading Scale for Compositions

A   Applies to compositions that are clearly superior in their development and expression of ideas. An *A* paper may not be flawlessly proportioned or even totally error-free, but it does all of the following.

- engages the topic thoughtfully and imaginatively, using well-chosen details
- develops a thesis, using a logical structure
- chooses appropriate vocabulary
- uses sentences varied in structure and complexity
- demonstrates mastery of standard Spanish grammar and usage appropriate to the level of the course
- shows little interference from the student's native language

B   Applies to effective papers. A *B* paper does most of the following well.

- responds intelligently to the topic, using appropriate examples
- is well focused and organized
- provides an orderly progression of ideas
- chooses appropriate vocabulary
- exemplifies the norms of standard Spanish appropriate to the level of the course
- makes few grammatical errors and is easily comprehended by both native and non-native readers of Spanish

C   Applies to satisfactory papers. Although these papers present adequate reasoning and examples, they lack the purposeful development and fluency characteristic of *B* papers. A *C* paper usually

- responds reasonably, if unimaginatively, to the topic
- shows some sense of organization
- has just enough examples to make its points acceptably
- chooses more generalized vocabulary without much variety or precision
- uses simple sentence structure
- makes some grammatical errors and distracting mistakes in usage

D   Applies to unsatisfactory papers. These papers usually lack the coherence
    and development of C papers and exhibit significant deficiencies. In addi-
    tion, they may

- offer a simplistic or inappropriate response to the topic
- state a major idea clearly but develop it inadequately or illogically
- lack a coherent structure or elaboration with examples
- choose vocabulary that is too general or inappropriate
- make many grammatical errors that impede communication

F   Applies to papers with serious weaknesses in many areas. An F paper
    shows severe difficulties in writing conventional Spanish. It

- offers little substance and may disregard the topic's demands
- lacks focus, organization, or development
- contains irrelevant detail or supporting ideas
- misuses words and contains abundant grammatical errors

Adapted with permission from the UCLA/CSUN Subject A Rating Scale

Apéndice 2

Abreviaturas para la revisión de composiciones

a	añadir o eliminar la **a** personal
ac	(no) debe llevar acento, acento mal puesto
art	artículo equivocado
con	concordancia defectuosa (nombre-adjetivo [n-a], sujeto-verbo [s-v])
cont	contracción necesaria
frag	fragmento
ger	gerundio incorrecto
m	poner la letra en minúscula / en mayúscula
m/f	uso incorrecto del género (masculino o femenino)
neg	expresión negativa incompleta o equivocada
omit	omitir
ort	error de ortografía
p	puntuación incorrecta, mal colocada, falta de puntuación
p/p	uso incorrecto de **por** o **para**
pal	palabra inapropiada, incorrecta, anglicismo
pl	forma incorrecta del plural
prep	preposición incorrecta o innecesaria

pron	pronombre incorrecto, omitido o innecesario
red	palabras o expresiones redundantes
rev	revisar, escribir de nuevo
s/e	uso incorrecto de **ser** o **estar**
sint	construcción incorrecta, cambiar el orden de las palabras
tes	tesis no declarada, confusa
trans	transición incorrecta o necesaria
v	forma/tiempo/modo verbal incorrecto
var	falta de variedad en la longitud o estructura de la oración
?	significado obscuro, difícil de comprender
^	insertar

Apéndice 3

Organizing: Contrastive Rhetoric

The following two pieces are excerpts from reviews of Oliver Stone's movie *JFK*. Each piece uses a different organizational device. The first is written linearly. Each sentence provides direct evidence of the assertion made in the following sentence. The second is nonlinear. It makes its point by circling around the subject, providing different pieces of information about it.

OLIVER STONE

Transcurridos 28 años desde el asesinato de John F. Kennedy, y después de ser editados más de seiscientos libros en torno al crimen, Stone ofrece en *JFK* la hipótesis de la conspiración como la más convincente, a menos que—y éste es su reto—demuestren lo contrario los documentos secretos en poder de la CIA, que no se harán públicos hasta el año 2029. Según esta hipótesis, Kennedy fue víctima de un golpe de Estado planeado por agentes de la CIA y del FBI, asistidos por el espionaje de la Marina estadounidense, y perpetrado con técnica de emboscada militar. Su fin era acabar con la vida de un presidente en el momento en que éste se disponía a retirar tropas de Vietnam y a apaciguar las relaciones con Cuba. Lee Harvey Oswald fue un chivo expiatorio. Es dudoso incluso que llegase a disparar aquella *magic bullet* (bala mágica) capaz de alcanzar al presidente y al gobernador de Tejas sin dejar marca y siguiendo una trayectoria que ni siquiera los expertos del FBI han podido defender como mínimamente viable. En 1976, la teoría de la conspiración cobró vida en Estados Unidos y forzó la reapertura del caso por la Cámara de Representantes. Pero dos años y medio después, el resultado de la investigación seguía siendo incierto, a pesar de haberse invertido en ella casi seis millones de dólares. Una sola frase invalidaba el voluminoso informe de la *comisión Warren*, designada por el sucesor, Lyndon B. Johnson: "El presidente Kennedy fue asesinado *probablemente* como resultado de una conspiración".

La muerte de un presidente

Lo curioso del caso es que nadie sabe a ciencia cierta lo que está ocurriendo en la filmación. Pero Stone no es un hombre de medias tintas, y ya lo ha demostrado.

En declaraciones a la prensa, cuando el guión había sufrido una de las varias modificaciones que el propio director le hiciera, éste manifestó la intención de contar la historia al estilo de *Rashomón*: cada implicado, incluso la propia víctima, daba su versión del hecho. Pero ante la pregunta de si sostendría la tesis de un loco asesino o la de un complot, fue tajante: "Se trató de una conspiración contra el presidente".

Pero hay cosas demasiado evidentes. A casi 30 años, el magnicidio sigue rodeado de un gran misterio. Nadie puede explicar cómo el presunto asesino —las pruebas demostrarían que era más de uno— fue ultimado, ni cómo era eliminado violentamente cada testigo que aparecía, uno de ellos cuando iba escoltado por agentes de la autoridad para prestar declaración ante el tribunal.

Por saber demasiado fue asesinado años después el senador demócrata Robert Kennedy, hermano de John, y hasta el suicidio de la actriz Marilyn Monroe ha sido puesto en solfa, dada la estrecha relación de ésta con los hermanos Kennedy. Acusaciones que no han podido ser desmentidas indican que John F. fue asesinado en una conspiración cuyos autores intelectuales fueron influyentes empresarios de la industria de armamentos, la más poderosa del mundo. ¿Razones para el crimen? Pose a que había colocado al mundo al borde de una catástrofe en 1962 cuando la Crisis de Octubre, acción contra Cuba Revolucionaria, Kennedy era poco confiable. Se le tildaba de débil, de ser un defensor de la distensión Internacional.

La orden fue ejecutada por la CIA y la mafia. Y son esos, precisamente, los rumores que circulan acerca de lo que será el filme de Stone. De ahí el ataque que está sufriendo hace meses.

The following excerpt from *Del sentimiento trágico de la vida,* by Miguel de Unamuno, is an additional example of a nonlinear style.

Unamuno   *Del sentimiento trágico de la vida*

Hay algo que, a falta de otro nombre, llamaremos el sentimiento trágico de la vida, que lleva tras sí toda una concepción de la vida misma y del universo, toda una filosofía más o menos formulada, más o menos consciente. Y ese sentimiento pueden tenerlo, y lo tienen, no sólo hombres individuales, sino pueblos enteros. Y ese sentimiento, más que brotar de ideas, las determina, aún cuando luego, claro está, estas ideas reaccionen sobre él, corroborándolo. Unas veces puede provenir de una enfermedad adventicia, de una dispepsia, v. gr., pero otras veces es constitucional. Y no sirve hablar, como veremos, de hombres sanos e insanos. Aparte de no haber una noción normativa de la salud, nadie ha probado que el hombre tenga que ser naturalmente alegre. Es más: el hombre, por ser hombre, por tener conciencia, es ya, respecto al burro o a un cangrejo, un animal enfermo. La conciencia es una enfermedad.

Apéndice 4

Select Bibliography on Process-Based Writing

Barnett, Marva A. "Writing as a Process." *The French Review* 60 (1989): 31–44.

Berlin, James A. "Contemporary Composition: The Major Pedagogical Theories." *College English* 44 (1982): 765–777.

Cummins, Patricia W. "CAI and the French Teacher." *The French Review* 62 (1989): 385–410.

Diaz, Diana M. "The Writing Process and the ESL Writer: Reinforcement from Second Language Research." *The Writing Instructor* 5 (1986): 167–175.

Donovan, Timothy R., and Ben W. McClelland, eds. *Eight Approaches to Teaching Composition.* Urbana, Ill.: NCTE, 1980.

Emig, Janet. "Writing as a Mode of Learning." *College Composition and Communication* 28 (1977): 122–128.

Gaudiani, Claire. *Teaching Writing in the Foreign Language Curriculum.* Vol. 43 in *Language in Education: Theory and Practice.* Washington, DC: Center for Applied Linguistics, 1981.

Herman, Gerald. "Developing Logical Thinking and Sharpening Writing Skills in Advanced Composition Classes." *The French Review* 62 (1988): 59–66.

Hewins, Catherine P. "Writing in a Foreign Language: Motivation and the Process Approach." *Foreign Language Annals* 19 (1986): 219–223.

Johns, Ann M. "Coherence and Academic Writing: Some Definitions and Suggestions for Teaching." *TESOL Quarterly* 20 (1986): 247–265.

MacGowan-Gilhooly, Adele. "Fluency First: Reversing the Traditional ESL Sequence." *Journal of Basic Writing* 10 (1991): 73–87.

McKee, Elaine. "Teaching Writing in the Second Language Composition/Conversation Class at the College Level." *Foreign Language Annals* 14 (1981): 273–278.

Morocco, Glen, and Margot Soven. "Writing Across the Curriculum in the Foreign Language Class: Developing a New Pedagogy." *Hispania* 73 (1990): 845–849.

Murray, Donald M. *A Writer Teaches Writing.* Boston: Houghton Mifflin Co., 1985.

Omaggio, Alice C. "Becoming a Proficient Writer." In *Teaching Language in Context: Proficiency-Oriented Instruction.* Boston: Heinle & Heinle, 1986.

Raimes, Ann. "Teaching ESL Writing: Fitting What We Do to What We Know." *The Writing Instructor* 5 (1986): 153–163.

Smith, Karen L. "Collaborative and Interactive Writing for Increasing Communication Skills." *Hispania* 73 (1990): 77–87.

Sommers, Nancy. "Responding to Student Writing." *College Composition and Communication* 32 (1982): 148–156.

Spack, Ruth. "Invention Strategies and the ESL College Composition Student." *TESOL Quarterly* 18 (1984): 649–670.

Valdés, Guadalupe, Paz Haro, and María Paz Echevarriarza. "The Development of Writing Abilities in a Foreign Language: Contributions toward a General Theory of L2 Writing." *Modern Language Journal* 76 (1992): 333–352.

Zamel, Vivian. "Writing: The Process of Discovering Meaning." *TESOL Quarterly* 16 (1982): 195–209.

 Spanish-English Vocabulary

The Spanish-English vocabulary contains all the words that appear in the text, with the following exceptions: (1) common words within the mastery of second-year students (articles, cardinal numbers, subject/object pronouns, possessive adjectives, and so on), (2) identical or close cognates of English, (3) conjugated verb forms, and, if the root word is included in the vocabulary or is a cognate, (4) regular past participles, (5) adverbs ending in **-mente**, (6) diminutives ending in **-ito**, and (7) superlatives ending in **-ísimo**. Only meanings that are used in the text are given.

The gender of nouns is given except for masculine nouns ending in **-e**, **-l**, **-n**, **-o**, **-r**, or **-s**, and feminine nouns ending in **-a**, **-d**, **-ión**, or **-z**. Nouns with masculine and feminine variants are listed when the English correspondents are different words (**abuelo/a** = *grandmother, grandfather*); in most cases (**trabajador**, **piloto**), however, only the masculine form is given. Adjectives are given only in the masculine singular form. Stem changes and spelling changes are given for verbs: **dormir (ue, u)**; **llegar (gu)**; **seguir (i, i) (g)**.

Words beginning with **ch**, **ll**, and **ñ** are found under separate headings, following the letters **c**, **l**, and **n**, respectively. Similarly, **ch**, **ll**, and **ñ** within words follow **c**, **l**, and **n**, respectively. For example, **archivar** follows **arco**, **callado** follows **calor**, and **añadir** follows **anuncio**.

The following abbreviations are used:

adj.	adjective	*irreg.*	irregular
adv.	adverb	*m.*	masculine
coll.	colloquial	*n.*	noun
conj.	conjunction	*pl.*	plural
f.	feminine	*p. p.*	past participle
fig.	figurative	*prep.*	preposition
gram.	grammatical	*pron.*	pronoun
inf.	infinitive	*s.*	singular
interj.	interjection	*v.*	verb
inv.	invariable form		

A

abalanzarse (c) to throw, hurl oneself; to rush, swoop, pounce

abastecer (zc) to supply, provide

abismo abyss

abogar (gu) to advocate, plead

abolido abolished

abominar to abhor, loathe

abrazar(se) (c) to embrace (one another)

abreviatura abbreviation

abrir (*p. p.* **abierto**) to open; **abrirse** to open up; **abrirse** to open ranks

absoluto: en absoluto (not) at all

abundar to abound

aburrirse to get bored

acabar to finish; to end up; **acabarse** to run out; to be completely used up; **acabar con** to put an end to, destroy; **acabar de** + *inf.* to have just (*done something*); **acabar por** + *inf.* to end up by (*doing something*)

acariciar to caress

acaudillar to lead, command

acción: Día (*m.*) **de Acción de Gracias** Thanksgiving

aceite oil

acelerar(se) to hasten, speed up

acera sidewalk

acercarse (qu) to approach

acertadamente correctly, aptly

acertijo riddle

acierto success

aclarar to clarify, explain

acogedor welcoming, friendly

acoger (j) to welcome, greet

acomodar to accommodate, find a place for

acontecimiento event, incident

acordar (ue) to arrange

acostarse (ue) to lie down

acotación stage direction (*theater*)

acrecentar (ie) to increase

acreditar to give proof of

actuación performance (*of a part*)

actual current

actuar to act; to behave

acuerdo agreement; **de acuerdo con** in accordance with; **ponerse de acuerdo** to reach an agreement; to agree

acusado accused; remarkable

adelantado: de adelantado beforehand, in advance

adelantar to improve

adelante: hacia adelante forward

adelanto *n.* advance

adelgazar (c) to lose weight

adivinar to guess

adivinanza riddle

adquirir (ie) to acquire

adventicio acquired (from outside) not inherent

advertencia warning; preface

advertir (ie, i) to observe, notice

afanosamente zealously

afear to censure, find fault with

afectivo emotional

afecto affection

afeite cosmetics

aficionado fan, enthusiast

afligido distressed, upset

afrontar to face

afueras outskirts, suburbs

ágil *fig.* lively

agónico death-like

agradecer (zc) to thank; to be thankful for

agradecimiento: textos de agradecimiento (literary) credits

agrado pleasure, liking

agravado aggravated

agravio insult

agregar (ue) to add

agricultor farmer

agrio sour

agua *f.* (*but* **el agua**) water; **agua de borrajas** trifle, inconsequential matter; **quedarse en agua de borrajas** to come to nothing

aguacate avocado

aguafuerte *m., f.* etching

agudo acute; shrill

ahogar (gu) to drown; to stifle

ajedrez *m.* chess

ajeno foreign; someone else's

al + *inf.* upon (*doing something*)

alabanza praise

alai: jai alai *m. Basque game of handball*

alargado extended, elongated

alarido scream

alba *f.* (*but* **el alba**) dawn

alborotado impetuous

alboroto uproar

alcanzar (c) to reach

alcoba bedroom

aldeano villager

alejarse to withdraw

alemán *n., adj.* German

Alemania Germany

alfombra carpet

algazara clamor, tumult

algodón cotton

aliarse to ally oneself

alimentación food

alimentar to feed; **alimentarse de** to live on

alimento food; sustenance

alma *f.* (*but* **el alma**) soul

almacén: mozo de almacén grocery store clerk; warehouse hand

alminar minaret

almohadón pillow

alojamiento lodging

alrededor (de) around; approximately; **a su alrededor** around him/her

alterarse to become annoyed, upset

altivo arrogant

alto tall; high; **en voz alta** aloud; **por todo lo alto** in style, extravagantly

altura height; level

alzar (c) to raise, erect

allá there; **más allá de** beyond

ama (*f.* [*but* **el ama**]) **de casa** homemaker; **ama de llaves** housekeeper

amalgama mixture

amanecer (zc) to wake up (*in a certain condition*)

amante *m., f.* lover

amar to love

amasillado putty-like

ambiente atmosphere; environment

ambular to stroll

amenaza threat

amenazar (c) to threaten

americano: fútbol americano football

amigable friendly

amistad friendship

amistoso friendly

amo owner; boss

amontonado piled up

amontonamiento (traffic) jam, pile up

ampliación expansion

ampliar to elaborate on, expand

anacrónico anachronistic

analfabeto *n., adj.* illiterate

ancianato retirement home

anciano *n.* elderly person; *adj.* elderly; **asilo/casa de ancianos** retirement home

ancho wide; **a sus anchas** freely, unrestrictedly

andadura *n.* walking; trek

Andalucía Andalusia (*region in southern Spain*)

andanza adventure

ánimo spirit; mind; **estado de ánimo** mood, frame of mind

animoso spirited

aniquilado annihilated

ánsar goose

ansia *f.* (*but* **el ansia**) anxiety

ante before, in front of; regarding; compared with; in the presence of; **ante todo** above all

antecedentes *pl.* background, record

antemano: de antemano beforehand

antenupcial prenuptial

anteojos eyeglasses

antepasado ancestor

antes *adv.* before; **cuanto antes** as soon as possible; **antes de** *prep.* before

antiguo *adj.* old, ancient; former; **los antiguos** *n. m. pl.* the ancients

anuncio advertisement

añadir to add

año year; **llegar a... años** to reach the age of . . . ; **mayor de 18 años** person of age, adult; **tener... años** to be . . . years old

apacible placid, gentle

apaciguar (gü) to pacify, calm down

apagado dull; listless

aparato appliance

aparejado ready

aparición appearance

apartado post office box

apartarse to go away

aparte separate; **aparte de** aside from; **hoja aparte** separate sheet of paper

apatía apathy, indifference

apellido surname

apenas hardly, barely

aperitivo apéritif (*drink before dinner*)

aplastado flattened

aplazar (c) to postpone

aplicar (qu) to apply

aplomo poise

apodar to nickname

aportar to bring

apoyar to rest, lean; to support; to prop up

aprendizaje learning, training

apresurarse to hurry up

aprobar (ue) to pass, ratify

apropiado appropriate; pertinent

apuntar to jot down

apunte note, notation

Aragón Aragon (*region in northeast Spain, historically a kingdom*)

arahuaco *n., adj.* Arawak, *indigenous South American people and language*

arameo Aramaic (*ancient Semitic language*)

araña spider

arca *f.* (*but* **el arca**) chest, coffer

arco arch

archivar to file

archivero file clerk

archivo file

ardiente ardent, passionate

arena sand; **arena movediza** quicksand

argumental *related to the plot or story*

argumentar to argue

argumento plot, story; argument

ario *n., adj.* Aryan

arma *f.* (*but* **el arma**) firearm

armadura armor

armario chest (of drawers)

armilar: esfera armilar armillary sphere (*model of the celestial sphere*)

arpa *f.* (*but* **el arpa**) harp

arquitectónico architectural

arrancar (qu) to start; to set out

arrasante jammed, packed

arrastrarse to creep along; to crawl; to drag on

arreglo arrangement

arriba: boca arriba on one's back, face up

arribar to reach shore, put into port

arriesgarse (gu) to take a risk

arrodillarse to kneel

arrojar to throw, hurl

arroyo gutter

arruga wrinkle

arte *m., f.* (*but* **el arte**) ruse, trick; **artes plásticas** plastic arts; **bellas artes** fine arts

asado roasted

asaltante *m., f.* assailant

asalto assault, attack

ascendencia ancestry

ascenso promotion

aseado clean, neat

asegurar to assure; to secure; to protect; **asegurarse** to make sure

asemejarse to resemble

asesinato murder; assassination

así *adv.* so, thus; **así como** such as; as soon as; **así que** *conj.* so, then

asiduamente assiduously, diligently; frequently

asiento seat

asignatura subject, course

asilo de ancianos retirement home

asistente *m., f.* assistant; **asistente de investigaciones** research assistant; **asistente social** social worker

asistir (a) to attend

asolador destroyer

asombrarse (de) to be amazed (at)

asombro amazement

asombroso astonishing

aspirante *m., f.* candidate; contestant

astucia shrewdness

astuto shrewd

asunto subject; matter

asustar to frighten; **asustarse** to become frightened

ataúd *m.* coffin

atavío adornment; *pl.* finery

atemorizado frightened

atención: con atención carefully; **llamar la atención** to attract attention; **prestar atención** to pay attention

atender (ie) to attend to, take care of

atentamente yours truly, sincerely (*used to close a letter*)

atentar contra to assault

aterrador terrifying

aterrorizarse (c) to become terrified

atisbar to observe

atónito astonished

atraer (*like* **traer**) to attract

atrapado trapped

atrás *adv.* behind

atropelladamente hastily

aumentar to increase

aumentativo *gram.* augmentative

aumento increase

aun even

aún still, yet

aunar to assemble; to combine

auricular receiver, earpiece (*of a telephone*)

ausencia absence

ausente absent; blank

autopista freeway

autorretrato self-portrait

auxiliar *m., f.* assistant

ave *f.* (*but* **el ave**) bird, fowl

avergonzado ashamed

averiguar (gü) to find out
avisarse to be advised
aviso warning
ayuda *f.* help, aid; *m.* aide, servant; **ayuda de cámara** valet

B

bachillerato *courses leading to a high school diploma*
bajo *adj.* low; short (*in height*); **en voz baja** quietly; **Países Bajos** Low Countries (*Netherlands, Belgium, Luxembourg*); *adv.* under
bala bullet
baloncesto basketball
balsa raft
bandada flock
bando faction; team
bandolerismo banditry
barba beard
barbarie *f.* barbarism
bárbaro barbarian
barcelonés native of Barcelona
barrera barrier
base (*f.*) **de datos** database
bastar to be enough; **basta ya** *interj.* that's enough
bastardilla *s.* italics
basura trash
batería *s.* drums
beca scholarship
Bélgica Belgium
belleza beauty
bello beautiful; **bellas artes** fine arts
bendición blessing
beneficencia charity
beneficiar to benefit; **beneficiarse** to profit
beneficio benefit; charity
beso kiss
biberón baby bottle
bibliotecario librarian
bien *n. m.* good; *adv.* well; **más bien** rather; **pasarlo bien** to have a good time
bigote(s) mustache
billete ticket; bill, banknote
biólogo biologist
bisabuelo great-grandfather *m. pl.* great-grandparents
bistec *m.* steak
blancura whiteness
blanquecino whitish
bloquear to block
bobo foolish, dumb

boca mouth; **boca abajo** face down; **boca arriba** on one's back, face up
bocacalle *f.* street intersection
boda wedding
boina beret
bola ball
boliche bowling
bolsa bag
bondad goodness
bonificación bonus
bordar to embroider
borde: al borde de on the verge of
bordo: a bordo on board
borracho *adj.* drunk
borrador (rough) draft
borraja: agua (*f.* [*but* **el agua**]) **de borrajas** trifle, inconsequential matter; **quedarse en agua de borrajas** to come to nothing
bosque woods, forest
bosquejo outline
botánica botany
botella bottle
brillar to shine
brillo shine
brío spirit, vigor
brioso energetic
británico *n.* Briton; *adj.* British
brotar to bud, sprout
bruja witch
Bruselas Brussels
bruto beast
burla sneer; ridicule
burlar to make fun of
busca: en busca de in search of
buscar (qu) to look for, seek
búsqueda search
butaca armchair

C

caballero knight
caballo horse; **montar a caballo** to ride horseback
cabaña cabin, hut
cabecera: médico de cabecera attending physician
cabellera hair, head of hair
cabello hair
caber *irreg.* to fit
cabo: llevar a cabo to carry out, perform
cabra goat
cacao cocoa
cacique Indian chief; *fig.* political boss
cacharro jalopy; old wreck

cada *inv.* each; every; **cada vez más** more and more; **cada vez que** whenever
cadera hip
caducar (qu) to expire
caer *irreg.* to fall; to lapse; **caer desfallecido** to faint; **caer(se) en cama** to fall ill; **dejar caer** to drop
caída fall, downfall
caja box
calabaza gourd
calafateador caulker
calé *m., f.* Spanish gypsy
calificación (*academic*) grade; qualification
calificar (qu) to rate, rank; to regard, consider
calma chicha dead calm (*nautical*)
calmarse to calm down
caló *m.* language of the Spanish gypsies
callado quiet; secret
callejero fond of roaming the streets
cama bed; **caer(se) en cama** to fall ill
cámara chamber; bedroom; camera; **ayuda** (*m.*) **de cámara** valet; **Cámara de Representantes** House of Representatives; **maestro de cámara** chamberlain
cambiar to change; **cambiar de idea** to change one's mind
cambio change; **en cambio** instead; on the other hand
caminata walk, hike
camino road, path; way, means; **camino a** on the way to
camisa shirt
camiseta T-shirt
campamento camp, encampment
campaña campaign
campeón champion
campesino *n.* peasant; *adj.* country
campo country, countryside; field; camp; campus
cangrejo crab
cansancio fatigue, weariness
cansarse to become tired
cantar to sing
cantidad quantity
capacitar to train
capaz (*pl.* **capaces**) capable
capilla chapel
capital: pena capital capital punishment
caprichoso capricious

captar to capture; to understand, grasp

carbón coal

cárcel *f.* jail

carcomido gnawed, eaten away

carecer (zc) de to lack

carga load

cargar (gu) to load, weigh down; to carry

cargo position; charge; **a su cargo** under one's control, direction

Caribe Caribbean

caricia caress

cariño love, affection

carnet (*m.*) **de conducir** driver's license

carnicero carnivorous

carnívoro carnivorous

carretera highway

carroza carriage

carruaje coach, carriage

carta letter; **carta de presentación** letter of introduction

cartaginés *n., adj.* Carthaginian

cartel poster

casa house; **ama** (*f.* [*but* **el ama**]) **de casa** homemaker; **casa de ancianos** retirement home; **casa de baño(s)** public bath; **estarse en casa** to stay at home

casado *n.* married person; **casada** wife; *adj.* married; **recién casados** newlyweds

casarse to get married

cascabel small bell, sleigh bell

cascabeleo jingling

cascada waterfall

casero home-loving

caserón large, broken-down house

casi almost

caso: en caso de *prep.* in the event of; **en caso de que** *conj.* in case; **en todo caso** in any event

castaño brown (*hair*)

castellano *n., adj.* Castilian

castigar (gu) to punish

castigo punishment

Castilla Castile (*region in central Spain, comprising the former kingdoms of Castile and Leon*)

castillo castle

casualidad: por casualidad by chance

catalán *n., adj.* Catalonian (*from the Spanish region of Catalonia*)

Cataluña Catalonia (*region in north-*

eastern Spain, historically a principality of the kingdom of Aragón)

categoría: de segunda categoría second-class

católico: los Reyes (*m. pl.*) **Católicos** the Catholic Monarchs (*Ferdinand and Isabella*)

causa: a/por causa de because of

cautivar *fig.* to captivate; to capture (*interest*)

cavar to dig, excavate

caverna cave; **era de las cavernas** prehistoric times

cazador hunter

cazar (c) to hunt

CE (Comunidad Europea) *European Common Market countries*

cebada barley

ceder to yield; to surrender

ceguera blindness

ceja eyebrow

celda cell

célebre famous

celta *m.* Celtic (*language*)

celta *n. m., f.* Celt (*person*); *adj. m., f.* Celtic

celtíbero *n., adj.* Celtiberian (*race and culture resulting from the mixture of Iberians and Celts in northeastern Spain during Roman times*)

ceniza ash

censura censorship

centenar hundred

centenario centennial; **V (quinto) centenario** quincentennial

cercano *adj.* nearby

cercar (qu) to surround

cerdo pig

cerebro brain

cerro hill

cesar to stop

césped *m.* lawn

ciclo cycle

ciego blind

cielo sky; heaven

ciencia: a ciencia cierta with complete certainty

ciento: por ciento percent

cierto certain; true; **a ciencia cierta** with complete certainty

cigarrero cigarette maker or seller

cine cinema

cinta film

ciprés cypress

circo circus

circundante surrounding

cirugía surgery; **cirugía estética** plastic/cosmetic surgery

cisne swan

cita date, appointment; quote

citar to quote; to refer to

ciudad city; **ciudad natal** home town, birthplace

ciudadano citizen

clamar to cry out

clandestinidad secrecy

claro *adj.* clear; sharp, acute; *interj.* of course

clase: compañero de clase classmate; **sala de clase** classroom

clasificar (qu) to classify

clasista *adj. m., f.* classist (*characterized by the domination and exploitation of one social class by another*)

cláusula clause

clavar to pierce, spike

clave *f.* key

clavo nail

clima *m.* climate

climatización air conditioning

clorofila chlorophyll

cobertura *fig.* cover (*pretext*)

cobrar vida to catch on, become popular

cobre copper

cocido boiled

cocinar to cook

cocinero cook, chef

codicia greed

código code

coeficiente mental I.Q.

cognado cognate

cojear to limp, hobble

colcha bedspread

colega *m., f.* colleague

colegio secondary school

colgar (ue) (gu) to hang

colina hill

colocación location, placement

colocar (qu) to place

Colón: Cristóbal Colón Christopher Columbus

colla *m., f.* native of the Andean plateau

collar necklace

coma comma; **punto y coma** semicolon

comadrona midwife

comandante commander; commanding officer

comando assault group or unit
combatiente soldier
comedor dining room
comenzar (ie) (c) to begin
comercialidad commercial appeal
comerciante *m., f.* businessman, businesswoman
comercio business
comestibles *pl.* food, provisions
cometer un error to make an error
comienzo beginning; **dar comienzo** to begin, start
comillas quotation marks; **entre comillas** in quotes
como: así como such as; as soon as; **tan... como** as . . . as; **tanto como** as much as; **tanto... como...** . . . as well as . . . ; **tantos... como** as many . . . as
cómoda chest of drawers
compadecido moved to pity
compadre *godfather of one's child; father of one's godchild;* pal, buddy
compañerismo companionship
compartir to share
compasivo compassionate
compatriota *m., f.* fellow citizen
competencia competition
compinche *m., f. coll.* pal, buddy
complejidad complexity
complejo complex
complicado intricate, complex; complicated
cómplice *m., f.* accomplice
complot *m.* conspiracy
componer (*like* **poner**) to compose
comportamiento behavior; actions
comportarse to behave (oneself), act
compositor composer
compra purchase; *pl.* shopping
comprensible understandable
comprobar (ue) to verify, substantiate
comprometerse a + *inf.* to pledge oneself to (*do something*)
comprometido committed; involved
compuesto composed, self-possessed
común: fuera de lo común out of the ordinary
comunicar(se) (qu) to communicate
concebir (i, i) to conceive
concepción concept
concertado reconciled, compliant
concluir (y) to conclude
concordancia agreement
concordar (ue) *gram.* to agree

concurso contest
condena sentence (*law*); conviction
condenar to condemn; to doom
condición condition; temperament; **estar en condiciones** to be fit
conducir *irreg.* to drive; to conduct, escort; **carnet** (*m.*) **de conducir** driver's license
conducto: ¿por qué conductos? by what means?
conductor driver
conejo rabbit
confiable trustworthy
confianza confidence
confidencia confidence, secrecy
conflictivo conflicting
conforme a in accordance with
confundir to confuse; **confundirse** to blend together
confuso confusing
conjuntado coordinated
conjunto group
conmemorar to commemorate
conmigo with me
conmovedor moving, touching
conocer (zc) to know, be familiar with; to meet; **dar a conocer** to tell, let know
conocido *n.* acquaintance
conocimiento knowledge; *pl.* learning, experience; information; **perder el conocimiento** to lose consciousness
consciente conscious
conseguir (i, i) (g) to get, obtain; **conseguir** + *inf.* to manage to, succeed in (*doing something*)
consejero counselor
consejo (piece of) advice; council (*group*); **Consejo de Seguridad de las Naciones Unidas** U.N. Security Council
conserje concierge; porter
conservante preservative
conservar to keep; to maintain; to store
consigo with oneself
consiguiente: por consiguiente consequently
consistir en to consist of
constar de to consist of
constatar to verify
constituir (y) to constitute; to set up, establish
constitutional inherent, from within

consulta consultation
consumar to consummate; to achieve
consumidor consumer
consumir to consume; **consumirse** to be used up, destroyed
consumo consumption
contabilidad accounting
contacto: ponerse en contacto to get in touch
contaminación pollution
contar (ue) to tell, relate; to count; **contar con** to count on
contener (*like* **tener**) to contain; to restrain
contenido *n.* content; contents
contestar to answer
continuación: a continuación following
contra against; versus; **atentar(se) contra** to assault; **en contra de** against, opposing
contradecir *irreg.* to contradict
contraer (*like* **traer**) to incur (*a debt*); **contraer matrimonio** to get married
contraportada back cover
contrapuntear to contrast or interplay (*two elements within a single work*)
contrario *n.* rival; *adj.* opposing, opposite; unfavorable; **lo contrario** the opposite; **por el contrario** on the contrary
contratar to contract; to hire
contrato contract, agreement
contribuir (y) to contribute
controvertible controversial
convenir (*like* **venir**) to be advisable
convertir (ie, i) to change, turn into; **convertirse en** to become
convincente convincing
convivencia living together; coexistence
convivir to coexist
convocar (qu) to call together, convene
corchete brace, bracket (*punctuation*); **puntos corchetes** brackets used to set off a section of quoted text
corona crown; *fig.* kingdom
coronar to crown
corpulento stout, heavy
corral barnyard
correa strap
corregir (i, i) (j) to correct
correoso flexible

correr to run; to fall to (*duty, responsibility*); **a todo correr** at full speed

corresponder + *inf.* to be one's responsibility/concern (*to do something*)

corrida de toros bullfight

corriente *f.* current

corroborar to support, back up

cortés *m., f.* courteous

cortesano *n.* courtier; *adj.* court, pertaining to the court

cortesía courtesy

cosecha harvest

coser to sew

costar (ue) to cost

costumbre *f.* custom; practice; *pl.* mores; **de costumbre** usual

cotidiano daily

cotización quotation, price

coyote *coll. individual hired by illegal aliens to assist them in crossing border from Mexico to U.S.*

crear to create

crecer (zc) to grow; to grow up

creciente growing

creer (y) to believe, think

crepuscular *adj.* twilight

Creta Crete

criado servant

crianza nurturing; rearing

criar to rear, bring up; **criarse** to be brought up

criatura creature

crimen crime

criollo *n., adj.* Creole (*born in America of European parents*); *Latin American, not European*

cristal window

Cristo Christ

crítica criticism; critique

criticar (qu) to criticize

crítico *n.* critic; *adj.* critical

cruzar (c) to cross; to pass; **cruzarse** to cross paths

cuaderno notebook

cuadra (city) block

cuadro table, chart; painting

cual which; who

cuál which (one); what

cualidad quality, trait

cualquier any; **de cualquier manera** anyhow; **en cualquier parte** anywhere

cuanto: cuanto antes as soon as possible; **en cuanto** as soon as;

en cuanto a in regard to; **unos cuantos** a few

cuánto how much

cubrir (*p. p.* **cubierto**) to cover

cubierto covered

cucaracha cockroach

cuello neck

cuenta account; bill, check; story; responsibility, care; **darse cuenta de** to realize; **en resumidas cuentas** in short; **tomar en cuenta** to take into account

cuento story, tale

cuerpo body

cueva cave

cuidado care; **con cuidado** carefully; **tener cuidado** to be careful

cuidar(se) to care for, take care of (oneself); **cuidar de** to take care of; **cuidar de** + *inf.* to be careful to (*do something*)

culpa guilt; **tener la culpa** to be guilty

culposamente culpably

cultivar to cultivate; to grow

culto cult; worship

cumpleañero *adj.* birthday

cumpleaños *m. s.* birthday

cumplimiento fulfillment, performance

cumplir to fulfill; to turn (*so many years*) old

cuna *fig.* birthplace

cuota quota

cúpula dome

currículum (vitae) *m.* résumé

cursilería vulgarity

curtirse to become experienced

cuyo whose, of which

CH

chabola hut, hovel

champán champagne

chasquear to mock

chatarra scrap iron; junk

chicha: calma chicha dead calm (*nautical*)

chicharra cicada

chillar to scream, shriek

chimenea fireplace

chiquillería *coll.* group of noisy kids, children

chispa spark

chiste joke

chistoso funny

chivo expiatorio scapegoat

chorizo sausage

chorreado wet, soaked

choza hut, humble dwelling

chupar to suck

D

dama lady

daño damage; **hacer daño** to hurt

dar *irreg.* to give; **dar a conocer** to tell, let know; **dar comienzo** to begin, start; **dar gracias** to give thanks; **dar lugar a** to give rise to; **dar muerte** to kill; **dar origen a** to give rise to; **dar paso a** to make way for; **dar resultado** to produce results; **dar saltos** to jump up and down; **dar vía libre** *fig.* to open the door; **dar la vuelta** to turn; **darse cuenta de** to realize; **darse prisa** to hasten, hurry

dato fact; *pl.* data, information; **base** (*f.*) **de datos** database

debido a due to; because of

debilidad weakness

decena ten, group of ten

decir *irreg.* (*p. p.* **dicho**) to say, tell; **querer decir** to mean

decisión: tomar una decisión to decide, make a decision

declaración: prestar declaración to make a statement

dechado model, perfect example

defectuoso defective

defensor defender

dejar to leave, leave behind; to let, allow; **dejar caer** to drop; **dejar de** + *inf.* to stop (*doing something*); **dejar paso** to allow to pass through

deleite pleasure, delight

deleznable *fig.* frail, weak

delicia delight, pleasure

delirar to be delirious; rave

delirio delirium; raving

demás *adj. inv.* other, rest of the; **los demás** *pron.* (the) others; **por lo demás** otherwise

demostrar (ue) to demonstrate, show; to prove

denunciar to report (*a crime/offense*)

dependiente salesclerk

deportista *m., f.* athlete

deportivo *adj.* sports

deprimente depressing

deprimido depressed

derecho *n.* law; right; *adj.* right; upright; straight (ahead); **a la derecha** to the right

derribar to knock down/over; to throw down

derrotado defeated

desafiante defiant

desafío challenge

desagradable unpleasant

desalentado *fig.* disheartened, discouraged

desamparado *n., adj.* homeless; helpless

desangrar to bleed; to lose blood; **desangrarse** to drain away

desapacible unpleasant

desaparecer (zc) to disappear

desarrollar(se) to develop (oneself); to carry out

desarrollo development

desbordante unrestrainable

descansar to rest; **descansarse (en)** to help each other out (with)

descifrar to decipher

desconfiar de to distrust

desconocido *n.* stranger; *adj.* unknown

desconsolado disconsolate

descrito *p. p.* described; defined

descubridor discoverer

descubrimiento discovery

descubrir (*p. p.* **descubierto**) to discover; to reveal

descuento discount

descuido carelessness, neglect

desde *prep.* from; since; **desde finales de** since the end of; **desde hace** + *time* for (*time*); **desde que** *conj.* since

desdeñar to disdain, scorn

desechar to reject; to discard

desechos *coll.* rejects, dregs (*of society*)

desembarcar (qu) come ashore

desempeñar to fulfill, carry out (*a function*); to rescue

desempleo unemployment

desenlace denouement, conclusion

desenvuelto bold; confident

deseo desire, wish; physical attraction

deseoso desirous, eager

desesperado desperate

desfallecido faint; **caer desfallecido** to faint

desgarbado ungainly, awkward

desgracia misfortune

desgraciado unfortunate

deshacer (*like* **hacer**) to unmake

desierto *n.* desert; **desierto ecuestre** *expanse of land inhabited by wild horses*; *adj.* uninhabited

desigual unequal

desilusión disappointment

desinflarse to deflate, expel air; *fig.* to talk bombastically

desmanotadamente *fig.* clumsily

desmayo fainting spell

desmentido disproven

desmerecer (zc): no desmerecer to compare favorably

desmesuradamente excessively

desperdigar (gu) to scatter

despertar (ie) to awaken; to stimulate; **despertarse** to wake up

desplegado unfolded, spread out

desplomar *fig.* to collapse, faint

despojo plunder; prey, victim

despreciar to despise, hold in contempt

destacado outstanding

destacar (qu) to emphasize; to highlight

destierro exile

destinar to designate; to allot

destruir (y) to destroy

desvalido underprivileged person

desvanecido dizzy, faint

desvariar to be delirious; to talk nonsense

desventaja disadvantage

detalladamente in detail

detallar to detail, relate in detail

detenerse (*like* **tener**) to stop

determinado specific, particular

detrás de behind

deuda debt

devastador devastating

devolver (*like* **volver**) to return

día *m.* day; **al día** per day; **un buen día** when it was least expected; **día a día** day by day; **de día** during the day; **Día de Acción de Gracias** Thanksgiving; **hoy (en) día** nowadays; **todo el día** all day long; **todos los días** every day

diablo devil

diablura wild prank

dibujar to draw

dibujo drawing

dictador dictator

dictadura dictatorship

dicha *n.* happiness, bliss

dicho *n.* saying, proverb

dicho *p. p., adj.* said, told; **lo dicho** what was said; **mejor dicho** rather, to be exact

diéresis *f.* diaeresis (*In Spanish, a mark* ["] *placed over a* **u** *following a* **g** *to show that it is pronounced rather than silent* [**vergüenza**])

diestro right-handed; aware

diferenciarse to differ

difundir to spread

digno worthy

diluvio flood

diminuto tiny

Dinamarca Denmark

diputado *member of the Spanish Parliament*

dirección management, administration

directo: en directo live

dirigente *m., f.* manager

dirigir (j) to control; to direct; **dirigirse a** to address; to head for

discográfico *adj.* record

disculparse to apologize

discurrir to take place

discurso speech

diseñador designer

disfrazar (c) to disguise

disfrutar de to enjoy

disimular to conceal

disminuir (y) to diminish

disparar to shoot, fire

disparates *pl.* nonsense

dispepsia dyspepsia, indigestion

disponerse (*like* **poner**) **a** to get ready to

disposición service, disposal

dispuesto *p. p.* willing, inclined to

distensión nonaggression, peace

distraer (*like* **traer**) to distract

doblar to turn; **doblarse** to bend over

docena dozen

docente *adj.* teaching

doloroso painful, distressing

domicilio address; home

dominar to dominate; to master

don *title of respect used with a man's first name*

don talent, gift

dondequiera que wherever

doña *title of respect used with a woman's first name*

dormir (ue, u) to sleep; **dormir la siesta** to take a nap; **dormirse** to fall asleep
dormitar to doze
dormitorio bedroom
dorso: al dorso on the back
dos puntos colon
dosificado measured out
dotar de to give, endow
dramaturgo playwright
dúctil *fig.* softened; yielding
ducha shower
duda doubt; **sin duda** without a doubt, undoubtedly
duelo duel
dulces *pl.* candy
durar to last

E

eco: hallar eco to echo
ecuestre: desierto ecuestre *expanse of land inhabited by wild horses*
echar(se) to throw (oneself); **echar una mirada** to glance; **echarse a** to burst into
edad age; **de la tercera edad** elderly; **edad media** Middle Ages
editar to publish
efectivamente indeed
eficacia effectiveness
eficaz (*pl.* **eficaces**) effective
egoísmo selfishness
ejecutado executed
ejecutivo executive
ejemplar *adj.* model
ejemplificar (qu) to exemplify
ejercer (z) to practice; to conduct
ejército army
elaboración manufacture, making
electo elected, chosen
elegir (i, i) (j) to elect, choose
elepé *coll.* LP (*long-playing record*)
elipsis *f.* ellipsis points
ello *pron.* that; **para ello** to that end; **por ello** therefore
emanar to emanate
embarcado aboard
embargado seized, confiscated
embargo: sin embargo however, nevertheless
embarullado done hastily or carelessly
emblemático symbolic
emboscada ambush
embudo unequal, one-sided

emocionado excited
emocionar to excite; to move; **emocionarse** to become moved
emotivo emotional
empeorar to worsen
emperador emperor
emprendedor enterprising
empresa company
empresario manager; entrepreneur
empujar to push
enamoramiento love affair
enamorarse (de) to fall in love (with)
encabezamiento heading
encajar to fit in
encantar to delight; to enchant
encarcelado jailed
encarcelamiento imprisonment
encargarse (gu) de to take charge of
encarnar to personify; to play (*a role*)
encendido lit, turned on (*lights*)
encerrar (ie) to contain
encima *adv.* above; on top; **venirse encima** to overtake (*someone*); **encima de** *prep.* on top of; above
encogerse (j) de hombros to shrug one's shoulders
encontrar (ue) to find; to encounter; **encontrarse** to meet; to be, to be located
encorvado hooked
encuadre frame
encuentro gathering
enérgico energetic
enfadado angry, upset
enfatizar (c) to emphasize
enfermizo sickly
enfocar (qu) to focus
enfoque focus
enfrascado involved
enfrentamiento confrontation
enfrentar to confront, face
engañar to deceive
engendrar to beget; to produce
engreimiento conceit; pretentiousness
enlace union; marriage
enojado angry
enojar to anger; **enojarse** to get angry
enredado entangled, involved
enriquecedor enriching
enriquecimiento enrichment
ensayista *m., f.* essayist
enseñanza teaching; education
ensoñador dreamy
entendido informed, learned

enterarse (de) to find out (about)
enterramiento tomb, grave
entidad entity
entonar to intone, sing
entrante next, coming
entrañable intimate; close
entrar a + inf. to begin to (*do something*)
entre between, among; within; **entre comillas** in quotes
entreabierto half open
entremezclar to intermix
entrenador trainer, coach
entrenamiento training
entretenimiento entertainment
entretener (*like* **tener**) to entertain
entristecer (zc) to sadden
entusiasmado enthusiastic
enviado especial special correspondent (*journalist*)
enviar to send
envidia envy
envoltura covering (*of a pillow*)
envolver (*like* **volver**) to wrap
época epoch; time
equilibrado well-balanced
equilibrio balance
equino: ganado equino horses
equiparar to compare, equate
equivocado wrong, incorrect
era de las cavernas prehistoric times
erigir (j) to build
erizar (c) to stand on end
escalofrío shiver, chill
escaso very little, paltry
escenario stage; *fig.* setting, background
escita *n. m., f., adj. m., f.* Scythian
escoger (j) to choose
escolar *adj.* school
escoltado escorted
escollo *fig.* danger, pitfall
esconder(se) to hide, conceal (oneself)
escritura writing; **Sagrada Escritura** Holy Scripture
escudarse to protect oneself
escultor sculptor
escultura sculpture
esfera armilar armillary sphere (*model of the celestial sphere*)
esfuerzo effort
esfumarse to vanish
espacio en blanco blank space
espalda back; *pl.* shoulders
espantar to frighten

espanto fright

esparcimiento relaxation

especial: enviado especial special correspondent (*journalist*)

especializarse (c) en to specialize, major in

especie *f.* species; type, kind

espera: en espera de awaiting; **lista de espera** waiting list

esperanza hope

espía *m., f.* spy

esquema *m.* outline, sketch, diagram

esquina corner

estabilidad stability

establecer (zc) to establish

estado state; **estado de ánimo** mood, frame of mind; **golpe de estado** coup d'état

estadounidense *n. m., f.* person from the United States; *adj. m., f.* (of the) United States

estampa look, appearance

estancia stay

estante bookshelf

estaño tin

estar *irreg.* to be; **estar de acuerdo con** to agree with; **estar en condiciones** to be fit; **sala de estar** living room; **estarse en casa** to stay at home

estatal *adj.* state

estatua statue

estética: cirugía estética plastic/cosmetic surgery

estilística *n. s.* stylistics

estilístico *adj.* stylistic

estilizado stylized

estimación propia self-esteem

estimado respected; dear (*used to begin a letter*)

estimar to esteem

esto this; **a estos efectos** for that purpose; to that end

estorbar to bother

estrambótico *coll.* outlandish, bizarre

estrechez narrowness; *fig.* severity

estrecho narrow; *fig.* close, intimate; strict

estremecimiento shudder, shake; shiver

estrenar to debut, open (*film or play*)

estreno premiere, debut; **sala de estreno** opening theater

estribillo refrain

estridente shrill

estruendo noise, clamor

estupefacto stupefied

etapa stage; step

evangelizador evangelistic

evitar to avoid

evolucionar to evolve

evolutivo evolutionary

examen test; **examen de ingreso** entrance exam

excarcelación freeing, releasing (*from prison*)

exhortar to encourage; to urge

exiliado *n.* exile; *adj.* exiled

exilio exile

éxito success; **tener éxito** to be successful

exitoso successful

expiar to atone for

expiatorio: chivo expiatorio scapegoat

explotar to exploit; to develop; **sin explotar** undeveloped, virgin

exponer (*like* **poner**) to expose; to explain, expound

expuesto exposed

expulsado expelled

exterior *n.* outside; *adj.* foreign

exteriorizar (c) to externalize, express

extinguirse (g) to fade

extraer *irreg.* to extract

extranjero *n.* foreign land(s); **en el extranjero** abroad

extranjero *n.* foreigner; *adj.* foreign

extrañar to surprise, puzzle

extraño strange

extraviado lost, gone astray

extravío: con extravío in confusion

F

fábrica factory

fabricar (qu) to fabricate, invent

fábula fable

facilidad ease

facturación billing, invoicing

facultad school (*of a university*)

fachada appearance, look; facade of a building

falda skirt; **falda vaquera** denim skirt

falta lack; error; shortcoming; **a falta de** for want of; **hacer falta** to be needed, lacking; to need

faltar to be lacking, missing; to fail

fallar to fail, go wrong

fama reputation; **tener fama** to be well-known, famous (*for something*)

fantasear to fantasize

faraón pharaoh

farmacéutico pharmacist

farsa spectacle

fascinador fascinating

fascinante fascinating

fastidiar to bother

fatal: mujer (*f.*) **fatal** seductive woman

fatigado tired

fatigas difficulties

fatuidad conceit

fausto luxury; ostentation

fechado dated

fenicio *n., adj.* Phoenician

feroz (*pl.* **feroces**) ferocious

festejar to celebrate

fibra thread, fiber

ficha index card; file

fichar to make a file on; to keep tabs on

fichero card file

fiel faithful

fidelidad fidelity; religious faith, observance

figura figure; face; character; personality

fijar to fit, set; **fijarse en** to pay attention to, notice; to focus on

fijo intent, fixed (*look*)

filisteo *n., adj.* Philistine

filmación filming

fin end; aim, intention; **a fin de** in order to; **a fin de que** in order that; **a fines de** at the end of; **en fin** finally; in short; **por fin** finally, at last; **sin fin** endless

final *n.* end; **desde finales de** since the end of; ending; *adj.* last; final

finalidad purpose

financiero financial

fingir (j) to pretend

fino refined; elegant

firmar to sign

flauta flute

flecha arrow

flotante floating

fluir (y) to flow

fomentar to foster, encourage

fondo background; bottom

fontanero plumber

forestal *adj.* forest; **técnico forestal** forester

forjar to create

formación training, development; background
formarse to develop, grow
forro cover
fortificado fortified
fotógrafo photographer
fracasar to fail
fracaso failure
fraile friar
franja del Pacífico Pacific rim
frasco flask; *fig.* packaging
fray *m.* brother (*religious*)
frenillos braces
frente *n. f.* forehead
frente a *adj.* regarding; *adv.* facing, opposite
fresa strawberry
fresco fresh
frigorífico refrigerator
frijol bean
friso frieze (*architecture*)
frito: papas fritas French fries
frontera frontier, border
fronterizo *adj.* borderline; facing, opposite
fuego fire; discharge (*of a firearm*)
fuente *f.* fountain; source
fuera *adv.* outside; **fuera de** *prep.* outside of; apart from; **fuera de lo común** out of the ordinary
fuerte *adj.* strong; *adv.* heavily; **respirar fuerte** to breathe with effort
fuerza strength; force
fumar to smoke
funcionario *n.* official
funda pillowcase
fundación beginning
fundador founder
fundarse en to be based on
fundirse to blend, merge
fúnebremente gloomily
funerario *adj.* funeral
fuste timber
fútbol soccer; **fútbol americano** football
futbolista *m., f.* soccer/football player

G

galardón reward
galas *pl.* regalia, finery
gallina hen
gama gamut, range
ganado *s.* cattle; livestock; **ganado equino/porcino/vacuno** horses/swine/cattle

ganador winner
gananacias earnings
ganso goose
gañir *irreg.* to scream, shriek
garbanzo chick-pea
garrotazo blow with a club
gastador wasteful, extravagant
gastar to spend (money)
gasto expense
gatuno catlike
genealógico: árbol genealógico family tree
generar to generate
género genre; kind, type; genus, race; *gram.* gender; **genero humano** human race
genialidad (creative) genius
genio genius; **geniecillo** child prodigy
Génova Genoa (*city in northern Italy*)
gentío crowd, mob
gerente *m., f.* manager, director
Gerona *city and province in the region of Catalonia (northeastern Spain)*
gesticulador gesticulator
gesto gesture; action
Gibraltar *small peninsula in the southern tip of Spain*
giro line of business
gitano *n., adj.* gypsy
globo balloon
gobernador governor
gobernante *m., f.* ruler
gobernar (ie) to rule
gobierno government
golpeado struck
golpe de estado coup d'état
gorgona gorgon, repulsive woman (*from Greek mythology, woman whose look turned men to stone*)
gota drop
gotear to drip
grabar to record
gracia charm; **dar gracias** to give thanks; **Día** (*m.*) **de Acción de Gracias** Thanksgiving; **gracias** thank you; **gracias a** thanks to
graduado graduate student
Granada *city and province in southern Spain*
granja farm
grano grain
grasa fat; grease
grato pleasant
Grecia Greece
griego *n., adj.* Greek

grifo faucet
grillete shackle
gringo *coll.* foreigner (*especially from the United States*)
gripe *f.* flu
gritar to scream, shout
grito scream, shout
grueso stout; heavy
gruñir *irreg., fig.* to grumble
gruta cave
guama fruit of the guama tree
guarda management
guardar to keep; to save
guardería daycare center
guerra war
guerrero *n.* soldier, warrior
guerrero *adj.* warlike
guerrillero guerrilla fighter
gueto ghetto
guía *m., f.* guide; *f.* guide(book)
guión screen play, film script; outline
guionista *m., f.* scriptwriter

H

Habana: la Habana Havana
haber *irreg., infinitive form of* **hay**; to have *auxiliary;* **haber de** + *inf.* to have to, must (*do something*); **haber que** + *inf.* to be necessary to (*do something*); **(no) puede haber** there can(not) be
hábil clever, skillful; capable
habilidad ability; skill
habilidosamente skillfully
habitar to inhabit, live
hacendoso industrious, hard-working
hacer *irreg.* (*p. p.* **hecho**) to do; to make; **desde hace** + *time* for (*time*); **hace** + *time* (*time*) ago; **hacer de** to act as; **hacer que** to insist; **hacer falta** to be needed, lacking; to need; **hacer un papel** to play a role; **hacer pasar por** to pass off as; **hacer la santísima a uno** *coll.* to mess things up, play a dirty trick; **hacer una visita** to pay a visit; **hacerse** to become
hacia toward; **hacia adelante** forward
hacienda property, possessions
hallar to find; **hallar eco** to echo; **hallarse** to be; to be found
hambre *f.* (*but* **el hambre**) hunger
harto fed up, tired

hasta *prep.* until; up to; **hasta tal punto** to such an extent; **llegar hasta** to extend; continue until *adv.* even; also; **hasta que** *conj.* until
hay (*from* **haber**) there is, there are
hazaña feat; accomplishment
hebreo Hebrew
hechicera sorceress
hechicería witchcraft, sorcery
hechizo spell, charm
hecho *n.* fact; deed; event; situation
hecho *adj., p. p.* did; made
helado ice cream
helar (ie) to freeze; *fig.* to discourage
heredar to inherit
herejía heresy
herencia inheritance; heritage
hermandad brotherhood
hierba grass
hinchado swollen
hipoteca mortgage
hogar home
hoja sheet of paper; **hoja aparte** separate sheet of paper
holgazán idler, loafer
hollín soot
hombro shoulder; **encogerse de hombros** to shrug one's shoulders
hombrón hefty man
homenaje homage, respect
homónimo homonymous (*with the same name*)
hondo *n.* depth
hondo *adj.* deep; **lo largo y lo hondo** the length and the breadth, the entirety
hondonada ravine; hollow
hormiga ant
hormiguero anthill
horno oven; **horno de microondas** microwave oven
horripilante hair-raising, terrifying
horrorizar (c) to horrify
hospedaje lodging
hotelero hotel manager
hueco hollow, depression
huele (*see* **oler**)
huelga (labor) strike
huella trace, mark
huir (y) to flee
humo smoke
hundimiento sinking; collapse

I

ibérico Iberian, Spanish
idea: cambiar de idea to change one's mind; **lluvia de ideas** brainstorming
igualar to equal
ilustre illustrious, famous
imperar to reign, rule
imperio empire
ímpetu *m.* energy, vigor
implicado *n.* person involved, implicated
imponer (*like* **poner**) to impose
importunar to pester
imposibilitado prevented, made unable
imprescindible essential, crucial
impresionante impressive
impresor printer
imprevisible unforeseeable
impulsar to push, drive
inalcanzable unattainable
incansable tireless
incauto unwary, gullible
inclinado bent, leaning
incomodado inconvenienced
incómodo uncomfortable
incomprensible incomprehensible
inconveniente objection; difficulty
incrustado inlaid
incursión raid
indemne undamaged
indicaciones instructions
indicios clues
indígena *n. m., f.* native; *adj. m., f.* indigenous, native
indio Indian (*New World*)
indisoluble inseparable
indolencia laziness, apathy
indolente lazy, apathetic
indudablemente undoubtedly
industrial: polígono industrial industrial park
inesperado unexpected
inestable unstable
infanta princess, infanta (*daughter of a monarch of Spain*)
infantil *adj.* children's
infatuación vanity
infecto foul
infeliz (*pl.* **infelices**) unhappy
influir (y) to (have an) influence
influyente influential
informe report
ingeniería engineering
ingeniero engineer
ingenio ingenuity
Inglaterra England
ingresar en to enter

ingreso entry, income; **examen de ingreso** entrance exam
innovador innovative
inquietud uneasiness, apprehension
inscribir (*p. p.* **inscrito**) to record (*information*); to register
insólito unusual
insoportable unbearable
insospechado unsuspected
instalación plant, installation
instalarse to establish oneself
instaurar to establish
instruido well-educated
intemperie *f.*: **a la intemperie** exposed to the weather
intentar to try
interlocutor speaker
internarse to go into, penetrate
interno internal
intérprete *m., f.* interpreter; singer
interrogación: punto de interrogación question mark
intriga intrigue, plot
inútil *n.* good-for-nothing; *adj.* useless
invasor invader
invertir (ie, i) to invest
investigación investigation; study; *pl.* research; **asistente de investigaciones** research assistant
investigador de mercados market researcher
investigar (gu) to investigate; to (do) research
irrumpir to invade
izquierda *n.* left; **a la izquierda** to the left
izquierdo *adj.* left

J

¡ja, ja! *interj.* ha, ha!
jabón soap
jacal hut
jactarse to boast
jai alai *m.* Basque game of handball
jalea jelly
jamás never
jerarquía hierarchy
jinete (horseback) rider, horseman
jonrón home run; **meter jonrón** to hit a homerun
joya jewel
jubilado retired
judío Jew
juego game; **juego limpio** fair play
juez *m.* judge

jugador player
juicio court trial
junto *adj.* close; **junto a** *prep.* next to; **juntos** *adv.* together
juzgar (gu) to judge

L

laberinto labyrinth
labio lip
laboral *adj.* labor
laboratorio: de laboratorio unnatural, artificial
labrador farmer
labranza working of the fields
lacio straight (*hair*)
lado side; **al lado de** next to; **de uno a otro lado** from one side to the other; **por otro lado** on the other hand
ladrillo brick
lágrima tear
languidecer (zc) to languish, pine away
lanzamiento release
lanzar (c) to let out (*a cry*); to launch; **lanzarse** to embark upon; to hurl oneself
lanzatorpedos: tubo lanzatorpedos torpedo launcher
largamente at length
largo long; **a lo largo de** along; throughout; **lo largo y lo hondo** the length and the breadth, the entirety
lata tin can
lavaplatos *m. s.* dishwasher
lejano distant
lentes eyeglasses
letra letter (*of the alphabet*); *pl.* literature, letters
levantar to lift up, raise; to raise (*an army*); to erect; **levantar pesas** to lift weights; **levantarse** to get up
leve light; slight
léxico lexicon, vocabulary
ley *f.* law
leyenda legend
libertador liberator
libre free; **al aire libre** outdoors; **dar vía libre** *fig.* to open the door; **ratos libres** free time
licencia license (*permit*); wantonness, liberties
licenciado *adj. holding a master's degree*
licitación bidding (*for public auction*)

liderazgo leadership
liebre *f.* hare
ligero slight
lío de tráfico traffic jam
liquidar to liquidate, do away with
liso smooth, straight (*hair*)
lista de espera waiting list
listo ready; smart, clever
lívido livid, ashen, pallid
lobo wolf
lóbrego dark; gloomy; *fig.* depressing
locuaz (*pl.* **locuaces**) loquacious, talkative
locura madness
lograr to achieve, attain; **lograr +** *inf.* to manage to (*do something*); to succeed in (*doing something*)
Londres London
longitud length
lúbrico slippery; tricky
lucidez clarity
lucir (zc) to display, exhibit
lugar place; **dar lugar a** to give rise to; **tener lugar** to take place
luna de miel honeymoon

LL

llama flame
llama llama (*animal*)
llamado *n.* call; appeal
llamado *adj.* called; so-called
llamar to call; **llamar la atención** to attract attention; **mandar llamar** to send for; **llamarse** to be called, named
llamativo salient
llano plain, prairie
llanto crying; *pl.* tears
llave *f.* key; **ama** (*f.* [*but* **el ama**]) **de llaves** housekeeper
llegado: recién llegado newcomer
llegar (gu) to arrive; to come; **llegar a... años** to reach the age of . . . ; **llegar a +** *inf.* to manage to (*do something*); **llegar a ser** to become; **llegar hasta** to extend, continue until
llenar to fill, fill in
lleno full
llevar to take; to carry, bear; to have; to wear; to lead (*a life*); to have spent/been (*time*); **llevar a cabo** to carry out, perform; **llevarse** to take away; to carry
llorar to cry

lluvia rain; **lluvia de ideas** brainstorming

M

madera wood
madrugar (gu) to get up very early
madurez maturity
maestría mastery
maestro *n.* teacher; master; **maestro de cámara** chamberlain; *adj.* master; **obra maestra** masterpiece
magistral masterful
magnicidio *assassination of a public figure*
maíz *m.* corn
majestuoso majestic
maldito damned
maligno evil
malintencionado ill-intentioned
maloliente foul-smelling
maltrato mistreatment
mamífero mammal
manada herd, flock
manantial spring (*of water*)
manatí *m.* manatee, sea cow
mancha stain, spot
manchado stained
mandar to send; to order; to command; **mandar llamar** to send for
manera manner; way; style; **a la manera de** in the manner of; **de cualquier manera** anyhow
manifestación demonstration; expression
maniobrador manipulating
maniobrar to maneuver
maniqueo Manichean
manta blanket
mantener (*like* **tener**) to maintain; to keep; to support; **mantenerse** to support oneself; to remain, stay
mantenimiento maintenance; fitness
manuscrito manuscript; **Manuscritos del Mar Muerto** Dead Sea Scrolls
manzana (city) block
maquillaje cosmetics; *fig.* veneer
maquillarse to apply cosmetics
mar sea; **Manuscritos del Mar Muerto** Dead Sea Scrolls
maravilla wonder; **el país de las maravillas** Wonderland
marca mark; stamp; trademark
marcha progress; **ponerse en marcha** to get underway

marchar to go, proceed; to leave, depart; **marcharse** to leave

margen: al margen in the margin

marginado on the fringe, marginalized

marina navy

mármol marble

marrón dark brown

marrueco *adj.* Moroccan

más more; most; **cada vez más** more and more; **lo mas... possible** as . . . as possible; **más allá de** beyond; **más bien** rather; **más tarde** later; **más vale** it is better; **nunca más** never again; **por más... que sea** no matter how . . . (it) may be

masaje massage

máscara mask

materia subject, matter

material material; equipment

matricularse to register

matrimonio marriage; married couple; **contraer matrimonio** to get married

mayor *n. m., f.:* **mayor de 18 años** person of age, adult; *m. pl.* the elderly

mayor *adj. m., f.* older; eldest; greater; greatest; **al por mayor** wholesale; **la mayor parte** the majority

mayordomo steward; administrator

mayoría majority; **en su mayoría** in the main

mayoritariamente mainly, for the most part

mayúscula *n.* capital letter

mayúsculo *adj.* capital (*letter*)

mecanografía typing

media stocking; *pl.* hose, nylons

mediados: a mediados de in the middle of

medianamente moderately, half-way

médico *n.* doctor; **médico de cabecera** attending physician; *adj.* medical

medida: a medida que as, at the same time as

medio *n.* means; medium (*of communication*); environment; moderation

medio *adj., adv.* half; **a media voz** softly, in a low voice; **de medias tintas** vague, indecisive; **edad media** Middle Ages; **en medio de** in the middle of; **Oriente Medio** Middle East; **por medio de** by means of, using

medioevo Middle Ages

medir (i, i) to measure

mejilla cheek

mejor better; best; **a lo mejor** perhaps; **mejor dicho** rather, to be exact

mejorar to improve

menester: es menester it is necessary

menor *n. m., f.* minor; *adj. m., f.* younger; slightest; least

menos less; least; fewer; **a menos que** unless; **al menos** at least; **por lo menos** at least

mental: coeficiente mental I.Q.

mente *f.* mind; **tener... en mente** to have/keep (*something*) in mind

mentiroso lying, false

menudo: a menudo often

mercado market; **investigador de mercados** market researcher

merecer (zc) to deserve

merendar (ie) to have a snack

merodear to explore; to roam about causing trouble

mesera waitress

meseta plateau of central Spain

mesiánico Messianic

mesita end table, nightstand

mestizaje *mixing of European and native American*

mestizo *person of mixed European and native American heritage*

meta goal

meter jonrón to hit a homerun

meterse to go into, withdraw into

métrica meter (*poetry*)

mexicanidad Mexican quality

mezclar to mix

mezquita mosque

microondas: horno de microondas microwave oven

miedo fear; **tener miedo** to be afraid

miel: luna de miel honeymoon

mientras *conj.* while, during; **mientras que** while; **mientras tanto** *adv.* meanwhile

milagro miracle

milla mile

mimar to spoil, pamper

minoritario *adj.* minority

minúscula small, lowercase letter

mirada look; expression; glance; **echar una mirada** to glance

mítico mythical

mito myth; popular conception; misconception

Moctezuma Montezuma

mochila backpack

modificar (qu) to modify

modismo idiom

modo way, manner; *gram.* mood; **de modo que** so that

mofarse de to mock

moho mildew

mole *Mexican dish prepared with meat and chili sauce*

molicie *f.* voluptuousness, love of sensual pleasures

moneda: palacio de la moneda mint

mono monkey

montaje assembly; montage

montar to ride (*a horse*); to mount; **montar a caballo** to ride horseback

montón pile; a great deal

morado purple

moraleja moral, lesson

morder (ue) to bite

mordisco nibble, bite

moribundo dying person

morir (ue, u) (*p. p.* **muerto**) to die **fue muerto** was murdered

moro *n.* Moor; Moslem; *adj.* Moorish; Moslem

morsa walrus

mortífero lethal

Moscú Moscow

mostrar (ue) to show, demonstrate

motivo motive; motif

movedizo: arena movediza quicksand

mozo de almacén grocery store clerk; warehouse hand

muchedumbre *f.* crowd

mudo mute, silent

muerto: Manuscritos del Mar Muerto Dead Sea Scrolls

muestra display

mujer *f.* woman; wife; **mujer fatal** seductive woman

mundo world; **todo el mundo** everyone

muñeca wrist

muralla city wall

muro (*outside*) wall

mutante changing

mutuo mutual

N

nacer (zc) to be born; to hatch; to come out; to stem from
nacimiento birth
nada nothing, (not) anything; **de nada sirve** + *inf.* it's pointless to (*do something*); **no valer nada** to be worthless
nadar to swim
náhuatl Aztec language
naranja orange
naranjo orange tree
narciso narcissus, daffodil
nariz (*pl.* **narices**) nose; nostril
narrar to narrate, recount
natación swimming
natal: ciudad natal home town, birthplace
natural (*m., f.*) **de** a native of
naturaleza nature
naturalidad naturalness
Navarra Navarre (*former province in northeastern Spain, historically a kingdom*)
nave *f.* ship
navegante *m., f.* navigator, sailor
nefasto unfortunate, regrettable
negar (ie) (gu) to deny
negocio business
ni nor; (not) even; **ni... ni...** neither . . . nor . . . ; **ni siquiera** not even
nido nest
nieto grandson; *pl.* grandchildren
ninfa nymph
niñería coquetry, playful act
niñez childhood
nivel level; standard
nobleza nobility
nocivo harmful, noxious
Nochebuena Christmas Eve
nocturno: vida nocturna nightlife
nómada *n. m., f.* nomad; *adj.* nomadic
nordeste northeast
normando Norman (from Normandy)
noruego *n., adj.* Norwegian
notario notary public; clerk
noveno ninth
novicio novice
nube *f.* cloud
nudillo knuckle
nuevo new; **de nuevo** again
número number; **numero uno** the best

nunca never, (not) ever; **nunca más** never again
nutrir *fig.* to promote, support
nutritivo nutritional

Ñ

ñoño finicky, fussy; insipid

O

obligar (ue) to force, oblige
obra work (*of art, literature, music*); work (*collective output*); labor; act, deed; **obra maestra** masterpiece
obrero *adj.* working-class
obstante: no obstante notwithstanding, nevertheless
obstinación obstinacy
obtención acquisition
obtener (*like* **tener**) to obtain, get, acquire
obvio obvious
oca goose
ocasionar to stir up, provoke
occidental western
oceanógrafo oceanographer
ocio idleness
octavo eighth
ocuparse de to concern oneself with
ochocentista *adj. m., f.* nineteenth-century
odiar to hate
oficio craft, trade; job
oír *irreg.* to hear
ola wave
oleada surge
oler *irreg.* to smell
olimpíadas Olympics
olor aroma
olvidar to forget; **olvidarse de** to forget
olvido oblivion
onda wave; popularity
onírico oneiric (pertaining to dreams)
ONU (Organización de las Naciones Unidas) UN (United Nations)
oprimir to oppress
óptica: triquiñuela óptica visual illusion (*film*)
oración *gram.* sentence; **oración temática** topic sentence
órbita orbit; field, sphere
ordenador computer
oreja (outer) ear
orgullo pride

orgulloso proud
Oriente the Orient, the East; **Oriente Medio** the Middle East
origen: dar origen a to give rise to
oro gold
ortografía spelling
ortográfico *adj.* spelling
osito little bear
ostentar to display
otoñal autumnal
otoño autumn
otorgamiento granting
otro other, another; **de uno a otro lado** from one side to the other; **otra vez** again; **por otra parte/otro lado** on the other hand; **una y otra vez** time and again
oyente *m., f.* listener

P

Pacífico: franja del Pacífico Pacific rim
pachuco *coll.* a young, usually underprivileged Mexican-American
paga pay, payment
país country; **el país de las maravillas** Wonderland; **Países Bajos** Low Countries (*Netherlands, Belgium, Luxembourg*)
paisaje landscape; *pl.* scenery
paja straw; rubbish
palabrería talk, chatter
palacio de la moneda mint
pálido pale
palillo drumstick
palomita asterisk
pampa plain; *pl. extensive plains of Argentina*
pandilla gang
panecillo bread roll
pantalla screen
pantano swamp, marsh
papa potato; **papas fritas** French fries
papel paper; role; **hacer un papel** to play a role
paquetería urgente express mail
par pair
para *prep.* for; to; in order to; **para con** towards; **para ello** to that end; **para que** *conj.* so that; **para siempre** forever
paracaidista *m., f.* parachutist
parador inn
pararse to stop
parcela plot of land

pardo brown

parecer *n.* opinion, view; **al parecer** apparently

parecer (zc) to appear, seem; to appear to be; to resemble; **parecerse** to resemble one another; **parecerse a** to resemble

parecido similar

pareja couple; partner

parlotear *coll.* to chatter

parra grapevine

párrafo paragraph

parrilla grill; earthenware jug

parte *f.* part; place; **en cualquier parte** anywhere; **la mayor parte** the majority; **a/en ninguna parte** nowhere; **por otra parte** on the other hand

partícipe collaborator, accomplice

partida: punto de partida point of departure

partidario supporter

partir to break; to start (from); **a partir de** + *point in time* from (*that time*) on

pasaje passage

pasar to happen; to spend (*time*); to go by; to send; **hacer pasar por** to pass off as; **pasar a** + *inf.* to go on to (*do something*); **pasar por** to be considered to be; **pasarlo bien** to have a good time

pasatiempo pastime

Pascua Easter

pasearse to take a walk; to pace

paseo promenade, avenue

pasillo hallway

paso step; passage; **dar paso a** to make way for; **dejar paso** to allow to pass through; **paso a paso** step by step; little by little

pastiche imitation

pastor shepherd; pastor

pata paw; leg (*insect*)

patata potato (*Spain*)

pato/a male, female duck; **patito** duckling

patria country; homeland

patrocinado sponsored

patrocinio patronage

patrón boss; captain

pavimentado paved

payo non-gypsy

paz peace

pazo ancestral home

pecho chest; *fig.* heart

peinado hairdo

pelirrojo red-headed

pena punishment; sorrow, grief; **a duras penas** with great effort; **no vale la pena** it's not worth the trouble; **pena capital** capital punishment

penar to punish

pendiente *f.* slope

penoso painful

percibir to perceive

perder (ie) to lose; to waste; to miss (*work*); **perder el conocimiento** to lose consciousness

perdonable forgivable

perdurar to last

pereza laziness

perezoso lazy

perfil profile

periodismo journalism

periodístico journalistic

perlarse de to become beaded with

permanecer (zc) to remain, stay

perseguir (i, i) (g) to pursue

personaje character; individual

pertenecer (zc) to belong; to pertain

pertenencia possession

perturbador upsetting

perturbar to upset

peruano *n., adj.* Peruvian

pesadilla nightmare

pesar *n.:* **a pesar de** in spite of; **a pesar de que** in spite of the fact that; **a pesar suyo** against one's will; **pesar** *v.* to weigh; **pese a** in spite of

pesas: levantar pesas to lift weights

pesca fishing

pescar (qu) to fish

pestaña eyelash

petrificado petrified

petróleo petroleum

peyorativo pejorative

piadoso merciful, compassionate

piar to chirp

picadura bite; sting

pictórico pictorial, pertaining to painting

pie foot; **a pie** on foot; **al pie de** the bottom of, at the foot of; **de pie** standing up

piedad piety

piedra rock, stone

piel *f.* skin; fur; hide

pieza room; play

pincel paintbrush

pira pyre

pitahayo *type of cactus*

placa sign

planchar to iron

planificación planning

planta plant; floor (*of a building*)

plantear to pose (*a question*)

plástico: artes (*f.*) **plásticas** plastic arts

plazo term; time limit

plazuela small square

plegar (gu) to fold

pleno complete, utter

pliego list

pliegue fold

plomería plumbing

plomero plumber

poblado populated

poda editing (*film*)

poder *n.* power

poder *v. irreg.* to be able, can; **(no) puede haber** there can(not) be

poderoso powerful

polígono *planned urban area;* **polígono industrial** industrial park

polvo dust

pómulo cheekbone

poner *irreg.* (*p. p.* **puesto**) to put, place; to write, set down; to give (*a name*); **poner en solfa** to satirize; **ponerse** to put on; to become; **ponerse a** + *inf.* to begin to (*do something*); **ponerse de acuerdo** to reach an agreement; to agree; **ponerse en contacto** to get in touch; **ponerse en marcha** to get underway

popelín poplin (*type of fabric*)

populachero common, crude

por for; by; through; over; because of; **al por mayor** wholesale; **de por sí** in themselves; **hacer pasar por** to pass off as; **pasar por** to be considered to be; **por causa de** because of; **por ciento** percent; **por completo** completely; **por consiguiente** consequently; **por el contrario** on the contrary; **por ejemplo** for example; **por ello** therefore; **por excelencia** par excellence, supreme; **por eso** that's why; **por fin** finally; at last; **por igual** equally; **por lo demás** otherwise; **por lo menos** at least; **por lo tanto** therefore; **por la mañana/**

noche in the morning/evening;
por más... que sea no matter
how . . . (it) may be; **por medio
de** by means of, using; **por otra
parte** on the other hand; **¿por qué?**
why?; **¿por qué conductos?** by
what means?; **por sí** by oneself, on
one's own; **por supuesto** of course;
por todo lo alto in style; extravagantly; **tomar por** to take for, mistake for
porcino: ganado porcino swine
porfiado persistent
portada facade
portarse to behave
portentoso amazing
posterior subsequent
postizo false
postura posture
potencia power
potente powerful
pozo well
preceptor master teacher; private
tutor
preciarse de to boast of being; to
consider oneself
precipitarse to rush headlong
precisar de to need
preciso: es preciso it is necessary
precocidad precociousness
preconocedor foreseer
predicar (qu) to preach
predilección preference
predilecto favorite
prejuicio prejudice
prendido turned on (*lights*)
prensa *fig.* press, print media
presenciar to witness
presentación: carta de presentación
letter of introduction
presentar(se) to introduce; to present
(oneself)
presente: tener presente to keep in
mind
presidiario convict
presionar to pressure
preso *n.* prisoner; *p. p.* imprisoned
prestar to lend; **prestar atención** to
pay attention; **prestar declaración**
to make a statement
presumir de to think oneself
presunción presumptuousness,
vanity
presunto supposed
presupuesto budget

pretender (ie) to pretend; to wait; to
intend; to aspire; to claim
previamente previously
previsto foreseen
primavera spring
prisa: darse prisa to hasten, hurry;
de prisa rapidly
privar to take away
probar (ue) to prove
procedimiento procedure
procesamiento de textos word
processing
procurar to endeavor; to seek;
procurarse to get
profundo profound; deep
programación computer
programming
programador programmer
prometedor promising, hopeful
promisión: tierra de promisión
Promised Land
promover (ue) to promote
promulgar (gu) to put into force (*law*)
pronombre *gram.* pronoun
pronominal *adj. gram.* pronoun
pronunciar to pronounce; to speak;
pronunciarse to be discernible
propaganda TV or radio commerical
propietario owner
propio own; characteristic; exact; the
very; himself, herself, etc; **estimación propia** self-esteem
proponer *irreg.* (*p. p.* **propuesto**) to
propose; to suggest; to pose; **pro-
ponerse** to set oneself the task of
proporcionar to furnish, supply
propósito aim, object
propuesta proposal; proposition
proscrito outlaw
proseguir (i, i) (g) to continue
protagonista *m., f.* main character
proveer (y) (*p. p.* **provisto**) to provide
provenir (*like* **venir**) **de** to stem from
pueblerino *adj.* village, rural
puesto job, position; seat
pugnar por + *inf.* to struggle to (*do
something*)
pulsar to take the pulse of
pulso balance; judgment
punto point; **a punto de** about to;
dos puntos colon; **hasta tal punto**
to such an extent; **punto de interrogación** question mark; **punto
de partida** point of departure;
punto y coma semicolon; **puntos**

corchetes brackets used to set off a
section of quoted text
puntuado punctuated

Q

quechua *m.* Quechua (*language of the
Quechua peoples, including the Incas*)
quechua *m., f.* Quechua (*Indian*)
quedar(se) to remain, stay; to be;
quedarse en agua de borrajas to
come to nothing
quehacer chore
queja complaint
quejarse de to complain about
quemar to burn
querer *irreg.* to want; to love; **querer
decir** to mean
quijada jaw
quitar to take away
quizá(s) perhaps

R

rabiar to get furious; to rage
rabino rabbi
rabioso furious
radioescucha *m., f.* radio listener
raíz (*pl.* **raíces**) root
rama branch
rango rank
rapto kidnaping
raquitismo rickets
rareza rareness; oddness
ras: a ras de to the level of
rascacielos *s.* skyscraper
rasgar (gu) to tear, rip
rasgo trait, characteristic
rasguño scratch
rasta *adj.* Rastafarian
rastafari *n. m., f.* Rastafarian
ratificar (qu) to ratify, support
rato while; period (*of time*); **a ratos**
from time to time; **al rato** after a
short time; **ratos libres** free time
raya dash (*punctuation*)
rayo bolt of lightning
raza race (*ethnic group*)
razón *f.* reason; **en razón de** with
regard to
razonado reasoned out
reaccionar to react
real royal; real, true
realización execution; production
realizador performer
realizar (c) to carry out, perform; to
fulfill

reapertura reopening
rebaño flock
recién recently; **recién casados** newlyweds; **recién llegado** newcomer
recluso prisoner, inmate
reclutamiento recruitment
recogido picked up; entered
reconocimiento recognition
recontar (ue) to retell
recorte clipping
recrear to recreate
recreo recreation
recta straight line
recto straight (ahead)
recuerdo memory
recuperarse to recover
recurrir to resort; to revert
recurso resource
rechazar (zc) to reject
rechinar to gnash
redacción composition; editing
redactar to write; to edit
redimirse to redeem oneself
redoblar to redouble
redondear to round off, complete
reemplazar (c) to replace
referente a referring to
refugiado *n.* refugee
refugiarse to take refuge
refundición revision
regenta wife of a regent
regido ruled, governed
régimen diet
registrar to show, display
regresar to return
rehogado browned
rehuir (y) to avoid; to shun
reinado reign
Reino Unido United Kingdom
reivindicar (qu) to reclaim, recover; to revive, restore
reja grating
relato story
relevo: tomar su relevo to take one's place, take over
reluciente shining
remediar to remedy
remitir to subside; **remitirse a** to abide by, defer to
remoción removal
remolino swirl
Renacimiento Renaissance
rendija crack
rendir (i, i) to yield, produce
renombre renown

repartir to divide up
reparto cast (*actors*)
repasar to review
repatriar to repatriate
repente: de repente suddenly
repetido: repetidas veces several times
reponerse (*like* **poner**) to recover
reportaje article, report
representante *m., f.* representative; **Cámara de Representantes** House of Representatives
requerir (ie, i) to require
requisito requirement
resaltar to stand out, be prominent
reseña review; brief description
reserva reserve; reservation
residencia estudiantil dormitory
residir to reside; to lie
resolver (ue) (*p. p.* **resuelto**) to solve; to resolve
resoplar to snort; to puff
respaldo back (*of a piece of furniture*)
respecto: con respecto a with respect to; **respecto a/de** with respect to
respirar to breathe; **respirar fuerte** to breathe with effort
respuesta answer
restos remains
restringir (j) to restrict
resuelto *p. p.* solved; resolved
resultado result; **dar resultado** to produce results
resultar to prove to be, turn out to be
resumen summary
resumido: en resumidas cuentas in short
resumir to summarize; to abstract
retardarse to slow down
retener (*like* **tener**) to retain
retintín jingle, ringing
retirar to withdraw
retiro seclusion
reto challenge
retomar to recast
retrasado retarded
retraso delay
retratar to paint; to portray, describe
retratista *m., f.* portrait painter
retrato portrait; description
retroceso return (*keyboard*)
retumbo resounding, echoing
revalorizarse (c) to revaluate oneself, renew one's value
revelar(se) to reveal (oneself)

revés back(side), reverse
revisar to revise; to check; to review
revolar (ue) to flutter around
rey *m.* king; **los Reyes Católicos** the Catholic Monarchs (*Ferdinand and Isabella*)
rezongar (gu) to grumble, gripe
riesgo risk
rigor precision, exactness
rincón corner
risa laughter
risueño smiling, cheerful
rocal rocky hill/mountainside
rodear to surround
rodilla knee
rogar (ue) (gu) to request
romance ballad; romance
romper (*p. p.* **roto**) to break; **romper en sollozos** to burst into tears
ronco hoarse
rostro face
rudo coarse, rough
rueda wheel; circle
rumbo course, direction
rumor sound; rumor
rupestre *adj.* rock; cave
ruso Russian
rutilante sparkling, shining

S

sabiduría wisdom; knowledge
sacerdote priest
sacudido shaken
sagrado sacred, holy; **Sagrada Escritura** Holy Scripture
sala room; living room; **sala de clase** classroom; **sala de estar** living room; **sala de estreno** opening theater
salida exit; going out
salsa type of Afro-Caribbean music
saltar to jump
salto jump; **dar saltos** to jump up and down
saludable healthful; healthy
saludo greeting
salvaje wild
sangriento bloody
sanguinario cruel, bloodthirsty
sano sane; safe
santo holy; virtuous, artless; **hacer la santísima a uno** *coll.* to mess things up, play a dirty trick
sarape serape (*heavy Mexican shawl or small blanket*)

satisfacer (*like* **hacer**) (*p. p.* **satisfecho**) to satisfy
secundado supported
secundaria secondary education
seguida: en seguida at once
seguir (i, i) (g) to follow; to continue; **seguir** + *gerund* to keep on (*doing something*), to continue to (*do something*)
seguridad security; assurance; **Consejo de Seguridad de las Naciones Unidas** U.N. Security Council
seguro *n. s., pl.* insurance
selva jungle
semáforo traffic light
semanal weekly
semblante face
semejante similar
semejanza similarity
sensibilizar (c) to sensitize
sentencia judgment; maxim, wise saying
sentido sense
señal *f.* signal; sign
señalar to point out; to indicate
séptimo seventh
ser humano *n.* being; human being
serpiente *f.* snake
sexto sixth
sí: de por sí in themselves; **por sí** by oneself, on one's own; **volver en sí** to come to, to regain consciousness
sicólogo psychologist
SIDA *m.* AIDS
sien *f.* temple (*anatomy*)
sigilosamente stealthily, silently
significativo significant, meaningful
signo mark, sign
silbar to hiss
sillón armchair
simpatía liking, friendship
simultanear to exist simultaneously
sin without; **sin duda** without a doubt; **sin embargo** however, nevertheless; **sin explotar** undeveloped, virgin; **sin fin** endless; **sin que** without
síncope fainting spell
sindical *adj.* labor
sindicato labor union
sintaxis *f. gram.* syntax, word order
sintetizador synthesizer
siquiera: ni siquiera not even
soberanía sovereignty

soberano *n.* sovereign, ruler
sobrar to be left over; to be too many
sobreescribir (*p. p.* **sobreescrito**) overwrite (*on computer screen*)
sobremesa: de sobremesa after-dinner
sobrepasar to surpass
sobrepoblación overpopulation
sobreponer (*like* **poner**) to superimpose
sobresaliente outstanding
sobresalir (*like* **salir**) to stand out
sobresaltar to startle
sobrevivencia survival
sobrevivir to survive
sobriedad moderation
social: asistente social social worker
solamente only
soler (ue) to be in the habit of
solfa: poner en solfa to satirize
solicitar to seek; to apply (for)
solista *m., f.* soloist
solo alone
sólo only
soltar (ue) (*p. p.* **suelto**) to let go of, drop
soltero bachelor
sollozo sob; **romper en sollozos** to burst into tears
someterse to submit oneself
sonar (ue) to sound; to make noise
sonriente smiling
soñado *adj.* of one's dreams
soñar (ue) con to dream about
soplar to blow
soportar to stand, put up with
sor *f.* sister (*used before the name of a nun*)
sordidez sordidness; squalor
sordo deaf; muffled
sorprendentemente surprisingly
sorprendido surprised
sortear to dodge, avoid
sospechar to suspect
sostener (*like* **tener**) to support, sustain; to maintain (*an opinion*)
sostenimiento support
subdelirio subdelirium
súbdito citizen
subir to go up
súbitamente suddenly
subrayar to underline
suceder to happen; **sucederse** to follow one another
suceso event

sucursal *f.* branch office
sudor sweat
sueco Swedish
sueldo salary
suelo floor; ground
suelto loose, free
sugerencia suggestion
sugerir (ie, i) to suggest
Suiza Switzerland
sujetador brassiere
sumamente extremely
sumiso submissive
sumo greatest
superar to exceed; to overcome
superior top; advanced, higher (*education*)
supervivencia survival
suplicar (qu) to entreat
supuesto supposed; assumed; **por supuesto** of course
surgir (j) to arise
suspirar to sigh

T

tablilla wooden bar, plank
tacaño stingy
tajante decisive
tajo cut, slash
tal such, such a; **de tal** as such; **hasta tal punto** to such an extent; **tal vez** perhaps
tamal tamale
tamaño size
tambor drum
tamborilear to drum (*with the fingers*)
tanto so much; as much; *pl.* so many; as many; **al tanto de** informed about, up to date; **por lo tanto** therefore; **mientras tanto** meanwhile; **un tanto** somewhat; **tanto como** as much as; **tanto... como... . . .** as well as . . . ; **tantos... como** as many . . . as
tardar... en + *inf.* to take (*time*) to (*do something*)
tártaro *n., adj.* Tartar
tarterón large pan
tatuaje tattoo
técnico *n.* technician, expert; **técnico forestal** forester; *adj.* technical
techo roof
tejer to weave
tele *f.* TV
telenovela soap opera
televisivamente by television

tema *m.* theme; topic
temática *n.* subject
temático *adj.*: **oración temática** topic sentence
temblar (ie) to tremble
temblor tremor; earthquake
tempestad storm
templanza temperance
tenderse (ie) to stretch out, to lie down
tenebroso gloomy; shadowy
tener *irreg.* to have; **tener... años** to be . . . years old; **tener cuidado** to be careful; **tener la culpa** to be guilty; **tener... en mente** to have/keep (*something*) in mind; **tener éxito** to be successful; **tener fama** to be well-known, famous (*for something*); **tener lugar** to take place; **tener miedo** to be afraid; **tener presente** to keep in mind; **tener que** + *inf.* to have to (*do something*); **tener que ver con** to have to do with; **tener voz y voto** to have a say
teórico theoretician
terapia therapy
tercio *n.* third
término term, word
ternura tenderness
terremoto earthquake
tesis *f.* (*pl.* **tesis**) thesis, theory, opinion; main idea
testigo witness
textos de agradecimiento (literary) credits
tienda store
tierra land; earth; **tierra de promisión** Promised Land
tildar de *fig.* to brand as
timbre ring
tinta: de medias tintas vague, indecisive
tintineo jingling
tirar to throw; to fire (*a shot*)
títere puppet
titulación academic degree
titulado en with a degree in
titular *n.* headline
titularse to be titled
título title; degree (*academic*)
toalla towel
tocadiscos *s.* record player
tocante a concerning
tocar (qu) to touch; to play (*an in-*

strument); **tocarle a uno** + *inf.* to have the responsibility (*to do something*)
todo *pron.* all; everything; *pl.* every one; everyone; **ante/sobre todo** above all
todo *adj.* all, every; **a todo correr** at full speed; **en todo caso** in any event; **por todas partes** everywhere; **por todo lo alto** in style; extravagantly; **todo el día** all day long; **todo el mundo** everyone; **todos los días** every day
tomar to take; to eat; **tomar en cuenta** to take into account; **tomar una decisión** to decide, make a decision; **tomar por** to take for, mistake for; **tomar su relevo** to take one's place, take over; **tomar el sol** to sunbathe
tonel barrel
tonelero cooper, barrel maker
tonto foolish, silly
toparse con to bump into
tópico commonplace, trite
topógrafo *m.,* *f.* surveyor
toque touch
toreo bullfighting
tormentoso stormy
torneo tournament
torno: en torno a about
toro bull; **corrida/fiesta de toros** bullfight
torre *f.* tower
tortuga tortoise, turtle
tosco crude
trago drink
traición treason
traje suit; clothing
trama plot (*literary*)
transcurrido gone by, elapsed
transcurso course (*of time*)
transformador transformer
tránsito traffic
transnacional multinational
trapo rag
trasero *adj.* back, rear
trasfondo background
tratado treaty
tratamiento title
tratar to treat; to deal with; **tratar con** to deal with; **tratar de** + *inf.* to try to (*do something*); **tratarse de** to be about
trato treatment; social dealings

través: a través de through
travesura prank
trazar (c) to draw; to plot (*points*)
tremendo terrible; awesome
trepar to climb
tribunal court
trillado trite
trinchera trench
tripulación crew
triquiñuela óptica visual illusion (*film*)
tristeza sadness
trompa snout; proboscis
trono throne
tropa troop
tropel throng
trotamundos *m.,* *f. s.* globetrotter
trozo piece; selection
truco trick
trucha trout
trueno thunder
tubo lanzatorpedos torpedo launcher
turno: de turno *currently in power*

U

ultimado concluded, finalized
único unique; only; **lo único** the only thing
unido: Reino Unido United Kingdom
unirse a to join
urgente: paquetería urgente express mail
uva grape

V

v (quinto) fifth; **V Centenario** Quincentennial
vaca cow
vaciar to empty
vacío empty
vacuno: ganado vacuno cattle
vacuña vaccine
vagar (gu) to wander, rove
vaivén *back and forth motion*
valentía bravery
valer *irreg.* to be of value; to be valid; **más vale** it is better; **no vale la pena** it's not worth the trouble; **no valer nada** to be worthless; **valerse de** to make use of
valiente brave; powerful
valioso valuable
valorarse to be valued
vanaglorioso boastful
vanidoso vain

vaquero: falda vaquera denim skirt
varón male
vasco *n., adj.* Basque
vecindad neighborhood
velero sailboat
velo veil
vencer (z) to overcome; to conquer
vendedor seller
vender to sell
vengarse (gu) to take revenge
venir *irreg.* to come; **venirse encima** to overtake (*someone*)
venta sale
ventaja advantage
ventajoso advantageous
ver *irreg.* (*p. p.* **visto**) to see; to watch, look at; **tener que ver con** to have to do with; **verse** to be seen; to see oneself; **véase** see (*in references*)
vergonzoso shameful
verificar (qu) to verify
verosímil probable, credible
vertiginoso abnormally rapid
vértigo dizziness
vestíbulo hall, foyer
vestimenta garment
veta vein
vez (*pl.* **veces**) time; **a la vez** at the same time; **a su vez** in turn; **a veces** at times, sometimes; **alguna vez** once, ever; **cada vez más** more and more; **cada vez que** whenever; **de una vez** once and for all; **de vez en cuando** from time to time; **dos veces** twice; **en vez de** instead of; **muchas veces** often; frequently; **otra vez** again; **pocas/raras veces** rarely; **tal vez** perhaps; **una y otra vez** time and again; **una vez** once
vía *n.* road, way; **dar vía libre** *fig.* to open the door; *prep.* vía
víbora viper
vicio vice
vidente *n.* seer, prophet
vigente in force
villano peasant
vinculado connected
violar to violate
virtud virtue
viscoso viscous, sticky
visita: hacer una visita to pay a visit
visitador fond of visiting
vitae: currículum (*m.*) **vitae** résumé
viuda widow
vivienda housing
viviente living
vocablo word, term
volar (ue) to fly
voluntad will, desire
volver (ue) (*p. p.* **vuelto**) to return; **volver a** + *inf.* to (*do something*) again; **volver en sí** to come to, to regain consciousness
voto: tener voz y voto to have a say
voz (*pl.* **voces**) voice; authority; **a media voz** softly, in a low voice; **en voz alta** aloud; **en voz baja** quietly, under one's breath; **tener voz y voto** to have a say
vuelo flight
vuelta: dar la vuelta to turn
vulgar common
vulgarizador popularizer

Y

ya already; now; by now; **basta ya** *interj.* that's enough; **ya es tiempo** it's about time; **ya no** no longer; **ya que** since; **ya sea** whether it be
yacer to lie
yelmo helmet

Z

zorro fox
zumbar to tease

 Index

The entries preceded by the indication PII refer to exercises and activities in Part II of the text that practice concepts presented in Part I.

(Continued from p. iv)

(bottom) Baedeker's Barcelona (Hamburg: Falk Verlag); *41–42 La España de los reyes católicos* by Joseph Pérez (Madrid: Editorial Swan); *50* reprinted with permission of Panorama Editorial, S.A. (México); *60 Iliada-Odisea* by Homer, translated by Roberto Giusti (Buenos Aires: Ángel Estrada y Cía); *61 Fidel: Un retrato crítico* by Tad Szulc (Barcelona: Ediciones Grijalbo); *62* reprinted with permission of Editorial Diana, México; *63* adapted from "Asaltos, cursilerías, licencias y 'cositas'" (Bogotá: Pluma); *64 Las flores blancas: Cuentos y leyendas de México* by José L. Morena-Ruiz (Madrid: Ediciones Alta); *65* adapted from "Gate Receipts and Glory" by Robert Hutchins, *The Saturday Evening Post,* December 3, 1983; *68 Pequeño teatro* by Ana María Matute (Barcelona: Editorial Planeta); *76* "La adivinanzas: ¿Género literario?" by Rodolfo Santovenia (Havana: *Muchacha*); *77* adapted from *Los descubridores* by Neil Grant, translated by Delia de Acuña (Barcelona: Editorial Sigmar); *80 (top)* reprinted with permission of Panorama Editorial, S.A. (México); *80 (center)* adapted from *Guerreros dioses y espíritus de la mitología de América Central y Sudamérica* by Douglas Gifford (Madrid: Ediciones Generales Anaya); *80 (bottom)* reprinted with permission of Editorial Herder, S.A., Barcelona; *81* reprinted with permission of Editorial Patria, S.A. de C.V., México; *81–82 (top)* adapted from *99 Biografías cortas de músicos célebres* by M. Davalillo. © Editorial Juventud, Barcelona; *82 (center) La aventura de Miguel Littín clandestino en Chile* by Gabriel García Márquez (Bogotá: Editorial La Oveja Negra); *82 (bottom) El templo de Quetzalcóatl* by Tomás Doreste (México, D.F.: Ediciones Roca); *84 (center),* *(bottom)* reprinted from *Américas* (volume 40, number 6; 1992), a bimonthly magazine published by the General Secretariat of the Organization of American States in English and Spanish; *85 (top)* adapted from *99 Biografías cortas de músicos célebres* by M. Davalillo. © Editorial Juventud, Barcelona; *85 (center), (bottom)* reprinted from *Américas* (volume 40, number 6; 1992), a bimonthly magazine published by the General Secretariat of the Organization of American States in English and Spanish; *86 (top)* adapted from "Las artes plásticos en Cuba y el resto del Caribe" by Adelaida de Juan, in *Arte moderno en América Latina* (Madrid: Taurus Ediciones); *86 (bottom)* reprinted with permission of Panorama Editorial, S.A. (México); *87 La aventura de Miguel Littín clandestino en Chile* by Gabriel García Márquez (Bogotá: Editorial La Oveja Negra); *99* British Airways; *100 (top)* "Rita Hayworth, como un perfume" (Havana: *Muchacha*); *100 (center) Tiempo mexicano* by Carlos Fuentes (México, D.F.: Editorial Joaquín Mortiz); *101 (bottom) Tiempo mexicano* by Carlos Fuentes (México, D.F.: Editorial Joaquín Mortiz); *106–107* reprinted with permission of Editorial Porrúa, México; *108 (top) Contra viento y marea* by Mario Vargas Llosa (Barcelona: Seix Barral); *108 (bottom) El laberinto de la soledad* by Octavio Paz (México, D.F.: Fondo de cultura económica); *112 Historia de Madrid en la mitad del siglo, años 1949–1950,* by Federico Bravo Morata (Madrid: Editorial Fenicia); *129* reprinted with permission of Iberia, Airlines of Spain; *140 Tú,* Editorial América, S.A.; *142 La perfecta casada* by Fray Luis de León (Santiago: Editorial Ercilla); *152–153 (top)* © El País; courtesy of *La Opinión; 153 Más,* Univision Publications; *154–155* © El País; *162* © El País; *166 ABC; 168 Bohemia; 175–176 El patito feo,* Ediciones Saldana/Ediciones Florida; *179* © El País; *181–182* reprinted with permission of *Reseña de literatura, arte y espectáculo; 188–190* "El almohadón de plumas" by Horacio Quiroga (México, D.F.: Editorial Porrúa); *197* © El País; *198 Bohemia; 198 Del sentimiento trágico de la vida* by Miguel de Unamuno (Buenos Aires: Editorial Espasa-Calpe)

Photographs: *Page 7* © The Bettmann Archive; *21 (left)* © Instituto Nacional de Bellas Artes, Mexico City; *21 (right)* © Galeria de Arte Nacional, Caracas, Venezuela; *25* © Owen Franken/Stock, Boston; *37* © Peter Menzel; *41* © EFF/Sipa Press; *43* © Frank

About the Authors

Lisa Gerrard is on the faculty of the UCLA Writing Programs. She received her Ph.D. from the University of California, Berkeley, in comparative litera-ture, with an emphasis on nineteenth-century English, French, and Spanish literatures. Since 1982, she has worked with UCLA's Spanish and Portuguese Department, where she created and taught a graduate level course in writing pedagogy for the foreign languages. Her publications include composition software; books and articles on English composition, foreign language compo-sition, and computer-based writing; and a rhetoric for English composition (*Writing with HBJ Writer*, Harcourt Brace Jovanovich, 1986).

Sheri Spaine Long is a Senior Lecturer in Spanish at the University of Ala-bama at Birmingham. She teaches language, literature, and foreign language pedagogy. She received her Ph.D. in Hispanic Languages and Literatures from the University of California, Los Angeles, where she was a Del Amo Fellow. She has presented conference papers and published articles on foreign lan-guage writing pedagogy and twentieth-century Peninsular literature. She serves as the organizing chairperson of the continuing session on "The Teach-ing of Writing" for the American Association of Teachers of Spanish and Por-tuguese. She was recently elected an officer in the Alabama Association of Teachers of Spanish and Portuguese.

Siteman/The Picture Cube; *56* © The Museum of Modern Art, San Francisco/Art Resource; *62* © Art Resource; *64* © Kal Muller/Woodfin Camp and Associates; *70* © Savino/The Image Works; *78* © The Bettmann Archive; *80* © Robert Frerck/Woodfin Camp and Associates; *96* © The Bettmann Archive; *118* © Antman/The Image Works; *119* © Robert Frerck/Woodfin Camp and Associates; *132* © Joe Carini/The Image Works; *138* © Reuters/Bettmann; *146* © Prado, Madrid/Lauros-Giraudon/Art Resource; *147* (*top*) © Prado, Madrid/Art Resource; *147* (*bottom*) © Instituto Nacional de Bellas Artes, Mexico City/Giraudon/Art Resource; *148* © Spencer Museum of Art, The University of Kansas (Gift of George and Lois Monto); *151* © Peter Menzel; *171* © Peter Menzel